# Saluer Jabès

# Saluer Jabès

## *Les suites du livre*

collectif dirigé par

Didier Cahen

OPALES

## SOMMAIRE

**Table des illustrations**

*Ce qui perdure ignore la durée.*

*E. Jabès*

—

Ce volume rassemble les textes d'hommage qui furent présentés ou lus au Collège International de Philosophie, lors d'une séance présidée par Michel Deguy, et en présence d'Arlette Jabès, le 16 avril 1992, jour anniversaire de la naissance d'Edmond Jabès. L'écrivain est mort l'année précédente, à Paris, le 2 janvier 1991.

Quelques textes (indiqués dans le sommaire par une *) sont plus récents et marquent d'autres étapes de la lecture qui continue.

Depuis, Arlette Jabès nous a aussi quittés.

C'est à elle, l'inspiratrice de l'œuvre, le soutien de tous les instants, à sa mémoire, que nous souhaitons dédier le présent volume.

D.C.

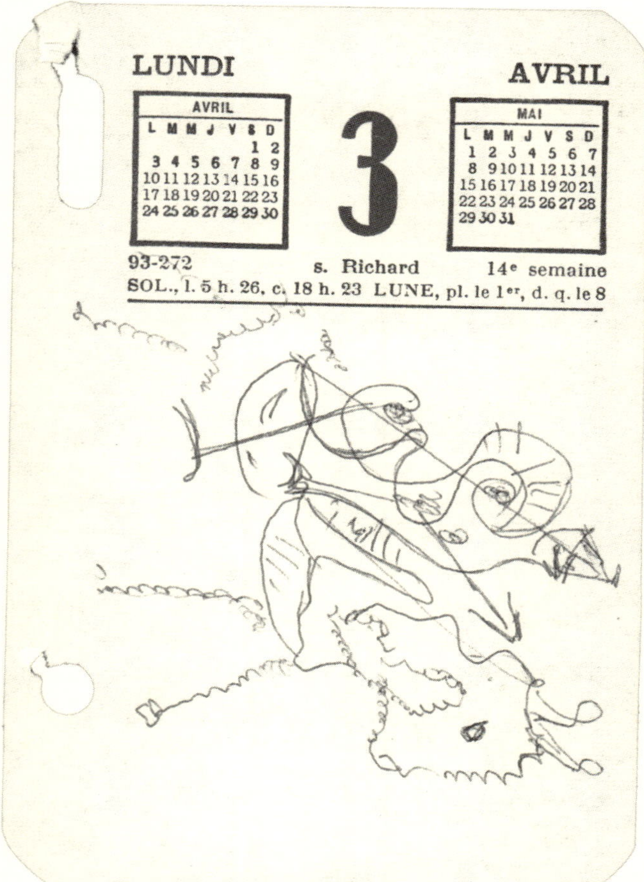
LUNDI
AVRIL
AVRIL
L M M J V S D
1 2
3 4 5 6 7 8 9
10 11 12 13 14 15 16
17 18 19 20 21 22 23
24 25 26 27 28 29 30
3
MAI
L M M J V S D
1 2 3 4 5 6 7
8 9 10 11 12 13 14
15 16 17 18 19 20 21
22 23 24 25 26 27 28
29 30 31
93-272
s. Richard
14e semaine
SOL., l. 5 h. 26, c. 18 h. 23 LUNE, pl. le 1er, d. q. le 8

## L'UNIQUE PASSAGE (Jabès et au-delà...)

16 avril 1992 : il y a 80 ans, précisément, naissait Edmond Jabès. Nous sommes là, rassemblés et unis, pour célébrer ce jour-anniversaire, avec les livres de Jabès, mais sans lui désormais. Je ne peux, toutefois, masquer mon inquiétude ; sacrer ou consacrer un jour, n'est-ce pas trop décider, choisir, marquer, défier un nécessaire silence et, de la sorte, la pire des trahisons à l'égard de Jabès, de ses livres ? Peut-être, cependant, faut-il de tels événements pour, à partir de là, constituer le temps du livre, mesurer notre enrichissement sachant que nous sommes riches, d'abord, de notre attente. Nous le savons d'une commune expérience : être dans le livre avec Edmond Jabès, c'est attendre le livre et vivre de cette attente. Puissions-nous aujourd'hui partager cette attente...

Naturellement, nous serons toujours tentés de revenir à ses ouvrages pour y chercher quelques raisons, quelques motifs, voire justifications. Chacun de vous connaît probablement ces pages inquiètes dans *Le Soupçon Le Désert*[1], qui s'intitulent *Le livre ou les quatre temps d'une naissance* ; ce nécessaire retour sur soi pour découvrir « la mort avant la vie »[2], pour réveiller ce pli, ou ce repli qui lui permit de naître, à lui, Edmond Jabès, et deux fois plutôt qu'une : le 16 avril, pour la vie, pour le livre, le 14, pour son père et le registre de l'état-civil, dans un mouvement de recul (le 16 ou le 14 de l'année 12...) qui nous mènerait, si nous le poursuivions, au point zéro de la naissance, à l'infini loisir[3] du vide d'avant la vie.

Pensons encore à l'« étranger » qui nous confiait : « Il n'y a point d'âge pour qui n'en a pas fait le calcul. On peut vivre dans le

[1] *Le Soupçon le Désert*, éd. Gallimard p. 78.

[2] *Id.* p. 79.

[3] Nous nous permettons de renvoyer à notre ouvrage *Edmond Jabès*, éd. Belfond, en particulier p. 126-129.

temps et hors du temps »[4]. Relisons son tout dernier ouvrage, ou presque, *Désir d'un commencement, angoisse d'une seule fin*[5] : ces pages si fortement lucides qui, dans l'alternance déliée des pleins, du rien, du vide parcourent toutes les nuances d'une vie, de LA vie ; ces lignes si inspirées qui récapitulent les moments essentiels de ce qui nous fait être et vivre, mieux être – mieux qu'être – pour mieux vivre.

Nous retrouvons, ainsi, ces instructions que nous a laissées Jabès et que patiemment nous apprenons à lire, à suivre. Précisément :

*Construis ce qui s'abîme. Instruis ce qui s'érige.*[6]

Ces constats, aussi, d'une déroutante simplicité, celle qui nous touche au cœur :

*Le jour tu fondes. La nuit, tu doutes.*[7]

Certes, dans l'espace vacant entre congé du jour et durée de la nuit, dans la séparation entre le cours du fleuve et la goutte d'eau, dans la hantise de la pierre du chemin pour la discrète lumière du ciel, on retrouvera le mouvement de la mort ; mais, dans le glissement du serpent sur son ombre, dans l'incidence de l'arc-en-ciel, dans cette virgule d'une nuit, se profile, de manière primordiale, le geste de la vie.

Et s'il fallait alors, décrire, ici, maintenant, les nuances infinies de la recherche du livre, nommer la force vive, vitale qui, dès le début, a animé la main d'Edmond Jabès, c'est bien, même au plus fort de ce mouvement de la mort qui, peu à peu, a semblé l'emporter, à une pensée de la vie que j'en laisserais le soin. Bien sûr, penser la vie, c'est tout d'abord penser sa vie, pour au-delà des hasards, des aléas de l'existence retrouver une provenance, et par ce biais ouvrir des perspectives ; imposer à la vie ces instruc-

[4] *Un Étranger avec, sous le bras, un livre de petit format*, éd. Gallimard, p. 73.

[5] Éd. Fata Morgana, 1991.

[6] *Id.* p. 40.

[7] *Id.* p. 44.

tions, ces intuitions selon lesquelles nous sommes et nous serons comme nous nous devons d'être. Bref, c'est écrire la vie pour qu'elle s'accorde à notre besoin de vivre.

Mais, en réalité, penser la vie reste une tâche improbable. Quel livre, quel volume infini pourrait seulement, directement, s'y mesurer ? Qui pourrait même se risquer à nous dire à quelle figure de la pensée, à quels détours de l'écriture ou du chemin, nous renvoie la pensée lorsqu'il s'agit de penser la vie ?

Penser n'est plus alors – si jamais cela fut – glaner cette connaissance qui, au mieux, comble les vides par « un trou dans le trou »[8]. Peut-être n'y a-t-il d'autre façon d'entendre – je ne dis pas de savoir – ce que veut dire penser la vie/sa vie qu'en s'exerçant, en connaissance de cause, à mieux porter la mort.

*Ça suit son cours*, au titre si explicite, nous le rappelait, dès son exergue :

> *Mourir est-ce dans le livre devenir invisible pour chacun et pour soi-même, déchiffrable ?*[9]

Penser la vie/sa vie, créer sans condition la vie, consisterait alors, en premier lieu, à se laisser emporter pour échouer (ou s'échouer) devant l'expérience impossible, à supporter l'épreuve d'une inexpérience absolue. Si seule l'inexpérience de la mort peut conduire à l'esprit, nous rapprocher de cette vacance du Tout et Rien, s'il faut l'inexpérience de la mort pour rejoindre l'incondition de la vie, quelle sorte de penser peut-on y consacrer ? Y faudrait-il toute l'ambition du livre, la patience de la quête, la portée (emportée) d'une question ? ou faute de mieux, l'audace sauvage de l'impensé, d'une… impensée, pensée vivante dans la fragilité sublime et vierge de son inexpérience ?

« *L'impensé, disait-il, est, peut-être, la pensée de demain* »[10], avant de

[8] *Un Étranger avec, sous le bras, un livre de petit format*, p. 127.

[9] *Ça suit son cours*, éd. Fata Morgana p. 10.

[10] *Le Livre des Ressemblances*, éd. Gallimard p. 127.

préciser : « *Il n'y a d'avenir que dans la mort, l'unique passage.* »

Que dire face à cette inexorable souveraineté ? Oui, quelle échappée ou quel passe-droit nous permettra, dès lors, de lire entre les lignes ce Livre de la vie que Jabès nous propose comme son livre à transcrire et qui, vous l'avez deviné, demande – par sympathie – l'inexpérience de l'Autre ?

Ainsi le vrai salut serait, pour nous, ici, maintenant de s'entraîner, de s'entraider à garder le silence.

Non pas se taire et renoncer. Ô certes non ; mais, au cœur de ce défi où s'éprouvera notre fidélité à la pensée et à la vie d'Edmond Jabès, à sa vie intérieure, en somme, nous nous devons – nous lui devons – d'apprendre à moins parler.

Écouter, s'entendre, s'exposer... faire respirer le discours en s'inspirant de ses vocables qui parlent si bien d'eux-mêmes, puis au cœur d'un échange inédit, prendre la parole pour rendre la parole... Poésie, poésie...

Oui, pour tout dire, dans ce dialogue à mots couverts – pour saluer Jabès – peut-être nous faudra-t-il, un jour, suivre l'ordre contenu du livre, le plus intime mais aussi bien le plus universel : apprendre à s'effacer, nourrir au mieux l'élargissement du verbe, tenir l'espoir du mot pour continuer à vivre...

DIDIER CAHEN

Message reçu : écrire une page. Écrire sans lui. Écrire pour lui. Écrire avec lui, ou rien. Comme il a écrit pour tous, en notre nom. Nous qui avons tenté d'écrire, qui allons, mortellement, continuer d'écrire avec lui...

Je l'aperçois souvent sur une terrasse dominant l'infini d'un désert de sables, et j'entends sans fin l'énigmatique entrecroisement de l'écriture la plus droite qu'on puisse inventer comme je l'ai rencontré, fraîchement exilé, en 1956, à la terrasse d'un café du Boulevard Saint Germain, blessé, anxieux, déjà redressé...

Nous avons, alors et toujours, parlé de tout et de rien, comme, par exemple, « *de l'inexprimable angoisse de ne pas mourir.* »

Beaucoup de livres, et le même, ont suivi. Un inextinguible brasier qui, peu à peu, de degré en degré, a accompli, érigé, l'élucidation du Livre dont nous étions sans le savoir les esclaves et le seigneur.

Une théorie de livres, un gisement où je puisais la force d'écrire, le pouvoir de ne pas écrire, la faculté de me tenir à distance ou à proximité de la flamme intermittente, harcelante, de l'écriture de la mort...

La voix, la langue, le souffle... Le dernier mot du livre, le jaillissement d'une eau pure, la potence du sourcier, la baguette de l'errant, de l'exilé, du voyageur.

Il écrit : « *Tu ne peux être oublié. Tel est le dilemme.* » Une sublime traversée de l'impossibilité du Livre, et son approche pied à pied. Je laisse les paroles sacrées, les rabbins et les scribes, non le livre qu'il m'a ouvert. Le livre impossible, celui sur lequel on dort, celui qu'on ne lira jamais et qui nous permet chaque nuit de mourir de ne pas mourir... Comme s'il était le vent, comme s'il était le souffle...

JACQUES DUPIN
14 avril 1992

## Edmond Jabès

Peut-être, le plus important et de tous le plus durable, ce souvenir d'Edmond, parmi d'autres :

1982. Nous étions en juin. Nous avions terminé notre dîner dans un restaurant, nous nous promenions dans les rues de Paris. Arlette et Siri marchaient devant, plongées dans leur conversation. Une parfaite soirée au cœur de l'été ; chaud, sans un souffle de vent, le ciel gardait encore quelques traces de crépuscule.

Edmond se tourna vers moi et commença à parler de l'idée de *subversion* : « C'est le but de chaque écrivain, n'est-ce pas ? » dit-il. « Subvertir l'ordre établi de la pensée. » Je hochais la tête en approuvant. Puis il ajouta : « Et la seule façon pour un écrivain d'y parvenir, c'est au travers de la clarté. »

« Si vous voulez écrire un poème qui détruise la syntaxe conventionnelle, dit-il, qui éparpille sur la page des mots au hasard, qui puisse être considéré comme une attaque contre les valeurs établies de la société et du langage, etc., c'est utile et bien, mais cela ne dérangera personne. Personne n'y prêtera attention, personne n'en sera troublé, personne ne s'y attardera. »

« Seul quelque chose de si clair, continua-t-il, de si lumineux que l'on ne pourra l'ignorer, a le pouvoir de miner nos certitudes, de créer une gêne, et devenir une partie de nous-mêmes », et ici il me donna l'exemple de Kafka.

Pendant des années, j'ai essayé en tâtonnant de suivre ce conseil mais, à ce moment-là, comme dans beaucoup d'autres circonstances, Edmond a su exprimer – de la manière la plus simple, la plus directe, en touchant du doigt l'enjeu – l'essence du problème.

Clarté. C'est une leçon que je n'ai jamais oubliée. Chaque matin, en me mettant au travail, je pense aux mots qu'Edmond a prononcés ce soir-là.

PAUL AUSTER

22 février 1992

## Edmond Jabès

Un nom, un souvenir, des lectures passionnées, une référence. Aujourd'hui, un écho qui s'amplifie. Par exemple, ce si beau texte de Michael Palmer sur un portrait d'Edmond que le peintre Irving Petlin réalisa dans un livre où figurent aussi ceux de Rosmarie Waldrop, la traductrice inspirée et de Claude Royet-Journoud qui m'avait présenté à Edmond Jabès, un après-midi, à la terrasse du Rouquet, à Saint-Germain-des-Prés...

Tout semblait éternel en ces débuts des années soixante-dix...

C'est là, au Rouquet, autour d'Edmond Jabès, que nous nous retrouvions, le plus souvent, le mercredi... Je sortais des lointaines Yvelines, Claude de son perchoir de la rue du Dragon... Jean Daive, entre deux reportages, Alain Veinstein, entre deux émissions ; Anne-Marie Albiach, Raquel, Emmanuel Hocquard, Paul Auster et les Américains de passage venaient aussi... Sans oublier Marcel Cohen, un très proche de Jabès qui désertait son bureau voisin... Les images abondent et se bouscule la mémoire de ces moments d'amitié intense et d'échanges passionnants.

Edmond, c'était la plus grande liberté. Pour lui et pour nous. Et ces visites à son appartement de la rue de l'Épée-de-Bois. Les livres qui s'entassaient dans le salon-bureau. La présence affectueuse et toujours attentive d'Arlette qui suivait l'œuvre ligne à ligne.

Ces livres, pour nous, d'année en année, comme les étapes d'un parcours qui nous questionnait au plus profond et nous éclairait. Parcours salué par des artistes aussi. Lars Fredrikson, Chillida, Degottex... Des musiciens, Luigi Nono, Fénelon, Feneyrou.

J'en avais tenté un essai. Encouragé par Edmond. Un essai qui avait pour base quelques articles publiés en divers lieux. *Critique*, *Change*, *La Quinzaine Littéraire*. Où je m'étais senti parfaitement libre. Ce que certains ne manquèrent pas de me reprocher...

Ces livres que, depuis *Je bâtis ma demeure*, nous évoquions, Edmond et moi dans un entretien radiophonique avec le concours de voix amies, Claude Royet-Journoud, Jacques Derrida, Jean-Pierre Faye, Adolfo Fernandez-Zoïla…

Le temps passait sans y paraître. L'œuvre de Jabès s'étoffait. S'élargissait d'autres lectures studieuses ou orales. Souvenir d'une soirée à Saint-Denis avec Jacques Roubaud, Bernard Noël, Florence Delay. D'autres que j'oublie… Claude Royet-Journoud, Rosmarie Waldrop, la plus parisienne des poètes américaines !

Le temps passait… Des lecteurs se manifestaient par leurs travaux… Des amis plus jeunes nous rejoignaient. Didier Cahen, Édith Dahan… Un événement, l'entretien Jabès-Marcel Cohen Qui fait référence. Tout un immense travail de lectures et l'amitié. Le « Jabès » de chez Belfond par Didier Cahen qui couvre tout l'œuvre. La décade de Cerisy, en 1987, avec Richard Stamelman, le meneur de jeu et tant d'autres… Le festival de Tarascon, le festival d'Avignon…

Et toujours, la complicité, l'humour, le rire… Pas un maître et ses disciples dociles. Non, mais une gamme d'amitiés multiples, différentes qui s'élargissait jusqu'au-delà des mers, à travers les hauts et les bas de nos vies.

Puis, un soir, la voix de Marcel Cohen au téléphone. Edmond était mort. Nous étions orphelins.

JOSEPH GUGLIELMI

P.-S. Une chose encore. Une soirée, à Manhattan, dans Saint Mark's Church. *In memoriam*. Lectures croisées : Palmer, Waldrop Rosmarie et Keith, Norma Cole, Gavronsky, Hocquard, Mickaël, Peter Gizzi and others… Où, en anecdote, je rappelai qu'un jour, Edmond, amusé par ma longue barbe et mon chapeau mou, m'avait baptisé Reb Joë.

## L'ordre du livre

En épigraphe, ces mots du *Parcours* :

> « Le livre subversif est celui qui détruit l'ordre établi pour imposer, peu à peu, le sien.
>
> Écrire n'est autre que la recherche de cet ordre ; seulement la recherche. »
>
> *Le Parcours*, p. 6

L'ordre subversif du livre : voilà bien aussi ce qu'il importerait d'entendre, étant à la fois ce qui porte le livre, (et qui est donc avant le livre), et ce qui lui survit, (comme éprouvé par l'écriture), et ne peut se lire qu'après le livre.

Où lire l'ordre de l'œuvre, sinon dans celui des livres qu'elle rassemble ? Et où démasquer l'ordre subversif du livre, sinon parmi les mots qui le composent ? Aussi, mon parcours sera simple : je rechercherai cet ordre à la fois au-delà, et en deçà de l'écrit. Hors du livre tout d'abord, où je tenterai une lecture du dess(e)in de l'œuvre par l'intermédiaire des titres ; au plus près du signe ensuite, dans les plis et les replis du texte.

C'est, peut-être, de la ressemblance lue au-delà du livre et de l'en deçà du vocable que je voudrais témoigner. Ressemblance dont je voudrais dire qu'elle dessine un seuil possible de l'œuvre, promesse, à la fois, de la construction de la demeure, et de son hospitalité.

*

« Un espace vide est, sans cesse, à combler. Nous n'avons eu à nous débattre qu'avec l'espace », déclarait *El, ou le dernier livre.* Cet espace de l'œuvre, comment le nommer ? Pas de plus claire réponse que les titres, que les « archi-titres » qui rassemblent les ouvrages. L'espace de l'œuvre d'Edmond Jabès est triple, partagé par :

*Le Seuil Le Sable* (qui rassemble toutes les poésies) ;

*Le Livre des Marges* (qui dialogue avec les livres lus) ;

...et puis

...et puis, troisième lieu, tout le reste : un « inclassable » ensemble, dont la géographie, toutefois, semble évidente. Il y a là :

1. *Le Livre des Questions*, constitué de 7 ouvrages, (*Le Livre des Questions*, *Le Livre de Yukel*, *Le Retour au livre*, *Yaël*, *Elya*, *Aely*, *El ou le dernier livre*) ;

2. *Le Livre des Ressemblances*, en trois volumes, (*Le Livre des Ressemblances*, *Le Soupçon Le Désert*, *L'Ineffaçable L'Inaperçu*) ;

3. *Le Livre des Limites*, regroupant quant à lui 4 livres.

Difficile, alors, d'envisager les deux derniers ouvrages, (*Un étranger avec, sous le bras, un livre de petit format*, et *Le Livre de l'Hospitalité*), hors de l'attente d'un titre commun qui les aurait rassemblés. Constatons déjà qu'il suffit de peu de mots pour désigner le versant le plus singulier de l'œuvre d'Edmond Jabès. Oui, peu de mots vraiment, trois exactement – les questions, les limites, les ressemblances – et la frange d'un innommé, sur le bord le plus proche. L'ordre en jeu, serait-ce celui de ces trois livres, au sein d'une œuvre en trois ?

Trois titres seulement : et si c'était trop encore, pour contenir le murmure où se consume l'œuvre ? Et s'il n'en fallait qu'un, l'ordre passant par la rature de deux d'entre eux ? Si quatre mots suffisaient, quatre mots pour un titre, au seuil d'une œuvre qui pourrait être lue comme l'œuvre de ces quatre mots : « Le Livre des Questions ». Seize ouvrages s'y reconnaissent.

Car le premier *Livre des Ressemblances* n'avait-il pas, une fois, déclaré qu'« au *Livre des Questions*, un autre *Livre des Questions* peut seul prétendre ressembler » (p. 81). Et le premier « Livre des

Limites », intitulé *Le Petit Livre de la subversion hors de soupçon* n'avait-il pas ajouté qu'il « se rattache aux dix tomes du *Livre des Questions* » (p. 17) ?

Et s'il n'y a qu'un titre, c'est donc qu'il n'y a qu'un livre. Écoutons *Le Livre du Dialogue* :

> – *Toujours sur le même livre ? lui avait-on demandé.*
>
> – *Toujours sur le livre même, avait-il répondu.* (p. 118)

L'ordre du livre se mesure à l'avancée d'un titre qui unit tous les recueils. Il nous faut percevoir chaque ouvrage comme maillon solidaire d'une œuvre dont l'ordre est celui de la suite.

Ici, je pense à Reb Aloum, qui disait que « la liberté est l'exaltante conquête de soi-même dans un ordre aussi rigoureux que celui des rames dans l'eau et des heures au fil du temps ». L'ordre du livre répond au temps de l'écriture. (« Le livre est écriture du temps », dit *Le Livre du Partage*, p. 103). L'ordre est soumis au temps. Parce que c'est ainsi que le livre s'écrit :

> *Je laissais les mots prendre place dans mon livre et je les suivais du doigt. Ils s'avançaient, deux à deux, et, parfois, à cinq ou dix. Je respectais l'ordre affectif de leur entrée en moi ; car je savais, maintenant, que je portais ce livre depuis longtemps.*

Et parce que c'est ainsi, également, que le livre se donne à lire :

> *Il faudrait lire mes livres l'un après l'autre, dans l'ordre où ils furent écrits ; en cela imitant la seconde se frayant un chemin dans la minute et la minute dans l'heure.*

*

Le livre progresse de livre en livre, et chacun des vocables ajouté aux vocables atteste d'une avancée à l'ombre des premiers mots... L'« œuvre pulvérisée » semble bien une hantise de ce livre. Mais quel est le sens de cette suite ? Où va l'œuvre, son chemin faisant ? Où nous conduit son « cours d'encre » ? Peut-on affirmer que le passage du livre au livre qui le suit est « pas au-delà », et qu'au terme de la lecture nous aurons gravi plusieurs degrés dans le ravin de l'homme et du monde ? Et si l'itinéraire était, exactement, l'inverse ? Si lire, tout comme écrire, c'était consentir à « descendre » ? Ici, je m'en remettrai une nouvelle fois aux titres : quelques-uns parmi ceux que *Le Livre des Questions* a progressivement recouverts.

Entre 1967 et 1972 parurent successivement *Yaël*, *Elya*, et *Aely*.[1] Puis ce fut, à la suite d'Aely, *El, ou le dernier livre*, en 1973. « El », c'est-à-dire que seul survit, d'*Aely*, le centre de ce nom… Le même geste est reproduit, neuf ans plus tard, par *Le Petit Livre de la subversion hors de soupçon* : ce « petit livre » succède aux trois « Livres des Ressemblances », or le centre de ces trois livres, c'est-à-dire la partie médiane du second d'entre eux (*Le Soupçon Le Désert*) s'intitulait déjà « Un petit livre de la subversion hors de soupçon »…

Qu'est-ce qui, dans ce mouvement, se désigne, sinon le contre-ordre ? Sinon le rebours du sens, par lequel le livre qui survit s'approche du centre du livre qui précède. Le nouveau livre semblant dire qu'il est plus près du cœur ancien du livre que l'ancien livre lui-même, plus proche du centre et peut-être aussi de l'origine. Il y aurait rebours du sens, c'est-à-dire ce que nous disait déjà le troisième titre : *Retour au Livre*… L'ordre véritable du livre serait alors celui de la remontée aux sources. Je cite *Le retour au livre* : « Écrire, c'est avoir la passion de l'origine. »

*

[1] «*Yaël, Elya, Aely*… la dispersion s'acharnant sur le nom qui toujours se reforme», comme l'écrit Jean Frémon («Ainsi toujours désignant ce qui manque», *Cahiers Obsidiane*, n° 5, février 1982 ; texte repris dans *Le Singe mendiant*, POL, 1991, p. 133). Philippe Boyer répondit qu'il fallait «*représenter* le nom du livre, non plus dans sa dispersion sur la ligne d'écriture, mais dans son rassemblement circulaire autour de l'œil blanc», (*L'Écarté(e)*, Seghers/Laffont, 1983, p. 181). Je m'en tiendrai pour ma part à cette dispersion en ligne, et me bornerai à constater que le troisième stade du nom (*Aely*, AELY) est celui de la mise en ordre alphabétique des lettres qui le composent, (nous nous en souviendrons tout à l'heure).

Il s'agit maintenant d'interroger l'écrit. La question que je poursuivrai désormais pouvant se formuler ainsi : comment le texte est-il agi par ce rebours du sens, par cette remontée où se contraint le livre ? Comment l'ordre inverse, qui se dit et se théorise dans l'œuvre, s'inscrit-il parmi les signes ? Quelles sont les marques visibles, signifiantes, de cette subversion que l'œuvre a très tôt repérée comme l'un de ses enjeux ?

Ici l'épigraphe de *La Mémoire et la Main*, et le fragment d'*Aely* intitulé « La seconde approche d'Aely (la rue) » viendront, tour à tour, témoigner de la force du livre, et de la torsion des signes, jusqu'au renversement spectaculaire de leur ordre.

L'épigraphe de *La Mémoire et la Main* nous propose la manifestation la plus visible de ce renversement. Visible, et non pas lisible, et d'ailleurs elle semble ne s'offrir que comme illustration : moins texte que frontispice. Les deux tiers supérieurs de la page sont ainsi occupés par le dessin d'une main, – une main gauche pour être précis. Au-dessous figure un texte, illisible à première vue, constitué par des caractères manuscrits dont la langue même semble indéchiffrable. Des mots écrits par une main trop prompte ?

Et pourtant, ces lettres sont celles de notre alphabet, et cette langue est notre langue. Comment accéder à la lecture de ces mots ? Il faut, ou bien tourner la page pour tenter de lire dans la transparence du feuillet, ou bien recourir à un miroir. Car seul un renversement optique permet de les restituer dans leur sens. Et que disent-ils ? Ceci :

> *« Qu'importe que ce soit de droite à gauche ou de gauche à droite. La main n'écrit que dans le sens brûlant de la vie à la mort, de l'aube au crépuscule », disait-il.*
>
> *« Le jour et la nuit sont les deux pôles d'une main », disait-il aussi.*

« Qu'importe ». Qu'importe que la lecture, comme l'écriture, doive progresser de droite à gauche ou de gauche à droite...

L'allusion aux langues sémitiques, et principalement à l'hébreu, est claire. Mais peut-être pouvons-nous entendre plus qu'un rapprochement des langues, pour peu que l'on se souvienne de Reb Yahé et de Reb Shem, deux rabbins imaginaires rencontrés dans *Le Livre de Yukel* :

> *Un matin, racontait Reb Shem, Reb Yahé, qui était encore adolescent, vint me trouver dans ma demeure. Son état de grande surexcitation, le discours incohérent qu'il me tint, me firent la plus pénible impression. J'essayais, par des paroles débitées avec lenteur, par des appels indirects à sa mémoire, de le pousser à s'exprimer intelligiblement. En vain. J'avais la sensation qu'il lisait, comme les trépassés, un livre en sens contraire et que hors du miroir, aucune intervention ne pourrait rétablir, dans sa bouche, l'agencement des phrases prononcées.*
>
> (*Le Livre de Yukel*, p. 41-42)

Ce « livre en sens contraire », serait-ce aussi « le livre du mort », évoqué dans *Le Livre des Ressemblances*, ou le « Livre Mort » nommé par *Le Livre du Partage* ? Ou, pour reprendre une expression jabésienne entre toutes, ne serait-ce pas « le livre qui est dans le livre » ? Tandis que je tenais, d'une main le livre, de l'autre le miroir, c'est l'œuvre entière qui devenait suspecte : le livre en sens contraire, le livre de l'ordre renversé, ne serait-ce pas l'œuvre elle-même ? L'écriture, au sein du *Livre des Questions* n'aurait-elle pas pour vocation d'exhumer la « contre-écriture » qui traverse l'écrit ? « Une contre-écriture portée, cependant, par l'écriture, comme son contraire éprouvant ou sa contrariété auxquels elle se cogne, contre lesquels elle se brise », précise le premier *Livre des Marges*. (*Ça suit son cours*, p. 57).

Ce n'est peut-être pas un hasard si le renversement de l'ordre des signes, si la « contre-écriture » sont figurés en exergue du livre intitulé *La Mémoire et la Main*, ouvrage publié aux éditions Fata

Morgana en 1987, et intégré depuis au recueil *Le Seuil Le Sable.* Une dernière fois, laissons-nous guider par un titre : et celui-ci revient de loin. Il fut rêvé par l'œuvre, puis oublié par elle, avant de s'imposer à nouveau. Acceptons de traverser l'oubli, de remonter jusqu'au mot ancien qui fut source : un mot d'une autre langue, un vocable hébreu : « Yad ».

Petit détour par l'histoire de l'œuvre et de son auteur. Les mots déjà cités du *Retour au Livre* : « écrire, c'est avoir la passion de l'origine », n'annoncent-ils pas la possible présence, au sein de l'œuvre, d'un récit de l'origine, ou d'une explication avec les ouvrages sources ? On sait d'Edmond Jabès lui-même qu'il entama la lecture des livres de la tradition juive à l'issue de l'écriture d'*Elya*, et sur le conseil de Gabriel Bounoure. Cette lecture accompagnait donc la préparation d'*Aely*...

*Elya* était achevé à la fin de l'année 1968. Déjà, en 1965, Edmond Jabès s'était rendu en Israël. Ce voyage avait fait naître le projet d'un recueil de poèmes qui devait s'intituler *Yad.* Puis le chemin du poème devint chemin de l'essai. Les manuscrits de *Yad* conservent la trace de ce sous-titre : « La mémoire et la main » et l'expliquent par ces mots : « *Yad* signifie : la main, mais on dit : élève une main au souvenir. Ainsi *Yad* se veut également synonyme de mémoire. » Les pages qui s'écrivaient alors perdirent pourtant, à la fois, leur titre et leur sous-titre. Elles se rassemblèrent avec d'autres, au sein du nouveau livre, celui qui s'appelait *Aely*. C'est un livre au curieux visage. Un livre pour moitié, pour moitié seulement, issu de *Yaël* et d'*Elya*, et pour moitié issu de *Yad*, c'est-à-dire d'une réflexion approfondie sur le judaïsme et de la lecture, la première sans doute, des livres de la tradition.

Plus tard, *El, ou le dernier livre* déclarera : « La clé c'est, peut-être, *Aely* ». *El* ne ment pas, et je dis qu'au sein d'*Aely* se nouent les sources de l'œuvre, qu'ici deux ordres cohabitent : l'ordre du récit entrepris avec *Yaël* et un ordre tout autre, illisible presque, et qui pourtant se signe au cœur du texte. Cela tient en peu de mots : je lis ce qui s'intitule « La seconde approche d'Aely (la rue) » :

*Zacharie marche, semble pressé.*
*Yves flâne.*
*Xavier susurre quelques paroles d'amour à l'oreille*
*de Wilfrede qui se pâme.*
*Victor suit pensif.*
*Uriel se cogne à un passant et lui reproche*
*sa distraction.*

Ils sont suivis, dans cette rue proche du Ve arrondissement, par Thérèse, Simon, Raoul, Paulette, Olivier, Norbert... Ce ne sont pas des personnages, mais des noms... Il y a aussi Moïse, Léopoldine, Kui-Yuan, Ismaël, Hussein, Gabr... Ils se présentent, depuis Zacharie jusqu'à Félicien, Elie, Denise, Camille, Bernadette et Adrien, selon l'ordre inverse du classement alphabétique. Le manuscrit retrouvé de cette page conserve la mémoire de sa genèse : tout d'abord, inscription des lettres selon l'ordre alphabétique – « A marche, semble pressé, B flâne, etc. » – puis renversement de l'ordre – « Z marche », « Y flâne » – enfin, attribution d'un nom à la lettre correspondante... Il faut entendre ce qui a lieu ici, et qui se joue à l'échelle de la lettre. Entendre, tout d'abord, la citation cachée – car ce renversement de l'ordre alphabétique nous renvoie à la Kabbale : précisément à un fragment des préliminaires du Zohar[2] qui raconte comment l'ordre de l'alphabet a préparé l'ordre du monde : « Deux mille ans avant la création du monde, les lettres étaient cachées, et le Saint, béni soit-il, les contemplait et faisait ses délices. Lorsqu'il voulut créer le monde, toutes les lettres, mais dans l'ordre

[2] *Zohar* I, 2b-3b, éditions Jean de Pauly, Maisonneuve et Larose, 1985, tome I, p. 12 à 17.

inversé, vinrent se présenter à lui ». (Et tour à tour, les lettres Thav, Schin, Resch..., défilant dans l'ordre inverse de l'alphabet, sollicitent de Dieu d'être la première : celle qui sera l'initiale du premier mot du Livre).

Ce qui a lieu, ici, au sein d'*Aely*, c'est bien le renversement simultané de l'ordre des lettres et de l'ordre du livre : renversement du cours du livre qui revient sur le chemin des sources pour, tout à la fois, les citer et les transformer. C'est bien de « judaïcité », n'est-ce pas, dont il est question ? La question de l'ordre du livre ne serait-elle pas précisément celle de la liberté du poète ? Le champ de l'écriture se dessine ici comme étant celui du questionnement et de la rupture. L'ordre du rebours, du retour, du renversement est celui de la rature, du jeu et de la traversée, mais surtout, oui, celui de la rupture et de la liberté. « Ce sont nos ouvrages qui comportent le plus de ratures », écrit Jabès, et ailleurs, dans *Aely*, il dit : « L'écriture est suivie, écoutée jusqu'où elle cesse d'être écriture pour devenir sens profond d'une rature passionnée » (p. 24). *Le Soupçon Le Désert* dit encore : « D'un côté l'écriture : ce qui, dans le livre, se fait, s'écrit, de l'autre, lui tenant tête, la non écriture : ce qui, dans le livre, se défait, s'efface. » C'est bien là que je voulais en venir : remonter de la question de l'ordre à la réponse de la rature. Suivre l'écriture-lecture jusqu'au lieu de son énonciation. Afin d'entendre sous l'ordre du livre, tel qu'il s'inscrit à l'échelle de la lettre, la signature de l'œuvre.

Je reviens donc à ce texte : « La seconde approche d'Aely (La rue) », et aux noms qui portent les lettres :

> *Léopoldine, ses filets chargés, revient du marché.*
>
> *Kui-Yuan s'engage dans la rue Pestalozzi, où l'un des deux restaurants chinois qui s'y trouvent l'attire peut-être.*
>
> *Ismaël, Hussein, Gabr discutent en gesticulant, hurlent et rient à se tordre.*

Léopoldine, Kui-Yuan, Ismaël... écoutons la suite des initiales

(L, K, Y, I), mais renversons leur ordre pour entendre : I, Y, K, L. Oui, I, Y, K, L, au lieu de I, J, K, L. La rue d'*Aely* ne nomme pas la lettre J. L'initiale du mot *juif,* du pronom *Je*, du nom *Jabès*, est seule absente de cet étrange abécédaire où elle est raturée par Y. Comment entendre cette rature, sinon comme signature ?

(J : me reviennent ces mots d'Emmanuel Hocquard : « L'étagement des couleurs dans la première lettre du jour et du nom »).

(Y : je pense à *Yad* – c'est-à-dire la moitié d'*Aely* – ; à la lettre Yod ensuite, qui occupe, à l'égal de J au sein du nôtre, le dixième rang au sein de l'alphabet hébreu ; à Yukel enfin, le narrateur du livre, dont l'initiale redouble ici l'effet de signature).

Et pourtant, que le nom de Kui-Yuan remplace, à la page 163 d'*Aely*, ceux précédemment inscrits, de Karl et de Jean, est bien peu de chose, à l'échelle de l'œuvre. Oui, presque rien. Presque rien que cette biffure à l'égard d'un ordre des lettres renversé, au sein même du livre dont le titre (*Aely*, AELY), successeur de *Yaël* et d'*Elya*, pouvait sembler le garant de l'ordre…

Presque rien. Que signe, et rature. Signature.

JEAN-LUC BAYARD
Avril 92

## Anniversaire

Je suis là aujourd'hui parmi nos amis comme vous l'êtes vous-même, cher Edmond, c'est-à-dire que nous apparaissons tous deux sous la même forme : l'écriture. Grâce à elle je deviens, comme vous, présence d'une absence. L'écriture est la parole de l'absent, comme on le sait. Ainsi donc je ne suis pas là, et ce n'être pas là me représente. Vous n'êtes pas là non plus. Mais, plus grande est votre absence, plus votre écriture gagne en présence. Oserais-je vous demander maintenant si, en écrivant, nous ne nous effaçons pas afin de rendre l'écriture possible ? Vous nous avez parlé de l'homme, l'étranger avec, sous le bras, etc., qui traversa tous les vocables du livre, d'un livre qui était le sien, et qui, n'étant retenu par aucun d'entre eux, s'évanouit ou disparut quand il arriva à la fin du livre, lequel, à son tour, n'avait pas de fin. J'aime cet homme sans limite qui a été, qui est si profondément parmi nous, qui s'est si délicatement évanoui dans la lumière. Penché sur le vide de votre absence, que l'écriture ne cesse de transformer en vive présence, je vous dis encore : Maître, tendez-moi la main.

José Angel Valente

## Je voulais écrire un poème pour Edmond Jabès

Je voulais écrire un poème pour Edmond Jabès. L'appeler par-delà la frontière de la mort. Ou plutôt, me réconforter.

J'ai aligné des phrases comme : « une fissure dans l'air », « trop à contrecœur ». Ou bien : « pronom criblé de trous ».

Mais je ne pouvais pas continuer.

J'ai essayé : *Je vous appellerais d'un nom si proche*
*que l'obscurité en serait*
*moins profonde*
...

*J'alignerais l'espace blanc*
*qui est la substance*
*entre les mots*
*pour qu'un levain de questions*
...

*Je séparerais à ce point*
*la profondeur de la structure*
*que le mouvement grammatical*
*retracerait*
*la lenteur de votre pas*

Cela ne marchait pas. Je me rappelais, sans cesse, les passages de son œuvre qui anticipent sa mort et sentais que, de façon surprenante, il avait prévu mes réactions. Comme une préemption.

Le mot « préemption » se mit à me préoccuper. Je trouvais : « Du latin *prae* = pré et *emptio* = achat, voir à RACHAT. »

Je compris que j'avais essayé de fabriquer un équilibre de son et de vide. Non pas de prévoir, mais de pré-venir l'avènement du vide, pour le transformer en son contraire, d'un simple tour de main. Ce ne pouvait être qu'une manipulation. Fabriqué. Ce ne pouvait être « un rachat ».

Je ne peux m'adresser à Edmond Jabès qu'avec le poids de ses propres mots, en les délivrant dans une autre langue.
*With what the black of fire carved into the white of fire.*

ROSMARIE WALDROP
traduction par Rosie Pinhas-Delpuech

### Au point nommé le rêve

Les mains du feu
dansent cet homme
est leur ombre sur
le quai dormir te rend
l'été des cris dans un
train de banlieue l'enfant
qui mendie tu la
mentionnes pour écrire
sans mot le temps
ne rend pas la monnaie c'est quand
tu ressembles à chacun
que tu ne ressembles à personne

Je me heurte au
mur blanc les voix
sont des étages mes bras
le corps de l'air avec
des nuages de béton le monde
est une prison en
ruine chaque phrase
défoncée les herbes
démontrent l'impossible et non
les cerveaux froids qui donnent
leur propre nom
à des impasses

Ou des souvenirs
d'avant la mémoire
et fourmis rescapées
du nihilisme de l'aube
leur absence est le sang
de l'image elle
ressemble à la douleur
là où dire ne prend plus
rendez-vous avec la distance
toujours s'arrête
au point nommé le rêve
est une course mais

La pensée ne brûle pas elle reste
écrite sur la cendre des livres
avec des mots plus jeunes que le sens
plus justes que les lettres qui les composent
derrière la fenêtre ou la lumière
est un regard entre les doigts
écartés de la pesanteur la
sagesse est cette révolte
des sons contre l'espace dans
la paume du sable il serre
une proximité d'horizon pour
que même la mort se renverse

**Dominique Grandmont**
*en mémoire d'Edmond Jabès*

## Les mots chaussent du sable

jabès Jabès jabès
livre nomade qui tourne tourne creuse sans trêve
sa parole sa racine
trouve des noms des lieux des êtres de sable sans visage
quelle origine en quels déserts
trouve en quelle solitude
à même la peau des pierres
un sens ailleurs
cette haute inquiétude des vents contraires

où en quel temps fini indéfini
la question incessante insatiable
question de la question
est mémoire du silence
poésie détournée
déroutée

des pages sous les pages
continuer l'exil
égarées redécouvertes d'autres parts
silence encore
de loin en loin
le vent ne se désigne pas
s'accomplit

ailleurs
réponse guérie

CLAUDE COULON

**Geste**

*À EJ*

son regard/elle
le papier en feu
déchirure
couture
répétition.

défaite non
l'absence.

parole inguérissable
puis

ils divisèrent le livre

le Livre

comme la rage
l'échec je réponds
le climat a changé
a-t-il d'ici à là

comme une ligne
disparition
ordre et même
invention.

nous sommes
muets bêtes anéanties
leur dire tout
ici doit se taire
l'infini

la mort du fils.

inertie
grave la rivière
exista-t-elle
abondance noyée
le terme réduit parle.

SERGE GAVRONSKY

## Chacun de nous le Juif errant

Où est Edmond Jabès dans le premier *Livre des Questions* (comprenant *Le Livre de Yukel* et *Le Retour au Livre*) ? Il est partout et nulle part après avoir créé des centaines de facettes du diamant secret de lui-même, cent fois plus d'hétéronymes que Pessoa ; des kyrielles de noms de rabbins imaginaires ayant tous le même prénom « Reb » dont la clef pourrait être : « **R** » [abbin] « **e** » [dmond] [Ja] « **b** » [ès], la lettre hébraïque *beth* (lettre double kabbalistiquement attribuée à la bouche) occupant le centre de son nom : JaBès. En vertu de sa propre dialectique de l'identité des contraires, Edmond JaBès est et n'est pas Edmond JaBès. Il est la voix du peuple juif. Il est la bouche de l'impossible vérité des vocables. C'est lui qui a donné au mot *vocable* un nouveau sens poétique. Les vocables sont en effet plus intimement proches de la bouche et du son, donc du souffle et de la vie, que l'encre des mots figée sur le papier. Ambition poétique de ressusciter la lettre morte en privilégiant l'ouïe plutôt que la vue – bien que l'œil du cœur puisse tout à la fois entendre et la voix du silence et le silence du vocable. Ne sont vivants que les vocables reliés au silence du sacré.

Edmond Jabès est naturellement, voire surnaturellement habité par la secrète présence du silence : *« Écrire un poème fut toujours pour moi parachever un acte religieux ».* Reb JaBès représente pour nous la totalité des centaines d'hétéronymes d'Edmond JaBès dont l'énumération (jusqu'à sept par page : Reb Nefla, Reb Bar, Reb Guesin, Reb Naam, Reb Sayod, Reb Feder, Reb Sari) serait interminable.

*Le Livre des Questions* est une sorte d'épopée du Juif errant, du Juif étranger, du Juif en exil, du Juif au cœur de tout être humain, car *« à l'instant de mourir, on ne peut que se sentir juif » : « Ah les morts sont tous juifs ; étrangers pour les autres et pour eux-mêmes ».* Il est vrai qu'en se perdant (tout en jouissant de se perdre à l'infini) dans le labyrinthe de son livre, on finit par se sentir juif sans être juif tandis que Edmond Jabès, s'étant découvert juif après s'être découvert écrivain, découvre qu'il assume à la fois le destin du juif et l'impossibilité d'être juif : « *J'ai cru d'abord que j'étais un écrivain, puis je me suis rendu compte que j'étais juif, puis je n'ai plus distingué en moi l'écrivain du juif, car l'un et l'autre ne sont que le tourment d'une antique parole* ». Il s'était souvenu d'un rêve qu'il avait vécu dans l'émerveillement : il avait rêvé qu'il n'était plus juif ! À l'inverse, quel non-juif a jamais rêvé d'être juif ?

Reb JaBès ne cesse d'évoquer le malheur et « *le tourment de la logique* » chez ses « *frères de race* ». Le mot *race* revient souvent sous sa plume dans des expressions comme « *les hommes de ma race* », « *les plaies de notre race* », « *la race s'éteint avec l'ultime vocable* », « *ce destin... de notre race* », « *les nourrissons de notre race tétaient des cris de lait* », « *les juifs – peuple élu du centre – aux prises avec les interrogations de leur race* » entre autres... Aucun doute possible : pour Reb JaBès, il existe bien une race juive : « *S'adressant à moi, le plus pondéré de mes frères de race m'a dit : – Ne faire aucune différence entre un Juif et celui qui ne l'est pas, n'est-ce pas déjà ne plus être Juif* ». Il y a là une vérité poétique, celle de la singularité d'être juif (même sans appartenance religieuse à la tradition hébraïque) qui n'a rien à voir avec le sens politique du racisme. De même qu'il y a une infinité de niveaux de réalité, il y a une infinité de niveaux de significations. Il faut entendre par *frères de race* : frères de la même race métaphysique. Par le biais d'une histoire, Reb JaBès nous raconte qu'il n'est pas seulement de race juive, mais aussi de race jaune (« *car mon soleil fut l'étoile jaune* »), de race noire (« *car je me suis enveloppé de nuit* ») et de race blanche (« *car mon âme, comme la pierre de la Loi, est blanche* »). Autrement dit, le Juif est universel. Du moins « *la difficulté d'être Juif* » est-elle le signe de la difficulté d'être universel : « *La voie que j'ai prise est celle qui a été tracée par les hommes de ma race ; la voie de l'intelligence et de l'instinct – de l'instinct devant l'intelligence ; de l'intelligence contre l'instinct – ; la voie de la controverse et du doute mais au bout de laquelle il y a le salut qui est encore le doute* ».

Il y a chez Reb JaBès une foi absolue dans la dimension sacrée du silence et une force dubitative radicale devant la relativité de tout vocable. Ses rapports avec le visage énigmatique de la nature comme avec le livre infiniment ouvert de l'homme sont fondés sur leur enracinement dans l'absolu de la Loi : dieu sans nom et sans visage de l'Unité de la double transcendance du Sujet et de l'Objet. Transcendance immanente au regard du regard de la conscience elle-même tout en voyant « *la mouche qui bourdonne sur le carreau de la fenêtre* » ou « *l'esprit glorieux et le poil méprisable* ». À ses yeux, la liberté est la conscience de la nécessité la plus fondamentale : « *Comment peux-tu espérer être libre si tu n'es pas lié de tout ton sang à ton dieu et à l'homme ?* ». Mais la judaïté de Reb JaBès est en marge du judaïsme. Toujours libre en face des textes sacrés, il se révèle tranquillement hérétique et même volontiers sacrilège : « *La vision que j'ai de Dieu est horrible : aveugle, sourd, manchot, cul-de-jatte. – Seigneur, je Vous ressemble dans mon impuissance à Vous sauver* ». La poésie chez lui est à elle-même son propre récit des origines. N'est sacré que le silence à la source des vocables : « *Dieu est le silence de toute parole* » – « *Être le silence dans le repos des vocables* » – *Couper court au raisonnement, au discours, afin de permettre au silence de remplir sans défaillance son rôle de passeur* ».

Être Juif ? Comment peut-on être Juif ? C'est un état d'être d'une vertigineuse complexité où la solitude héréditaire, la fatalité, le statut d'étranger des Juifs les uns pour les autres (chacun craignant de « *défouir l'identité de l'autre* »), « *l'univers juif* » du livre, la malédiction de l'exil métaphysique (« *tu n'es jamais là, mais* ailleurs »), l'ombre commune, le malheur commun, l'errance (« *le fardeau du Juif errant* »), « *l'erratique parole de Dieu* », la soif d'absolu dans le désert de l'âme, l'énigme de la source en amont de toutes les contradictions (« *Dans toute joie, il y a un étang d'amertume ; dans toute douleur, il y a un coin de jardin de joie* »), l'aperception de l'infini (Les Juifs, « *ils vivent à l'étroit dans leurs actes, dans leur taudis d'encre. L'infini les hante et seul peut les sauver, comme se sauve le grain de sable qui réussit à devenir une étoile* ») ont partie liée avec la mort. Et c'est là que Edmond Jabès est autre chose qu'un *poète* au sens banalement déchu du mot. Il est visible que les mots de la tribu sont presque toujours des cadavres, rarement, très rarement des *corps glorieux*.

Ni traditionnellement religieux ni spécifiquement mystique, JaBès est, – lui Juif originaire d'Égypte où il vécut jusqu'à l'âge de quarante-cinq ans –, un des rares poètes métaphysiciens français s'interrogeant sur l'avant-naissance et l'après-chair. *Le Livre des Questions* est une œuvre transpoétique. JaBès plutôt transpoète que poète. Le « Je » chez tous les Reb JaBès est porteur d'une voix transpersonnelle, d'une voix intersubjective, celle de la conscience transcendantale des Juifs et de leurs *frères de race* parmi les non-Juifs. Porteur aussi d'une interrogation éternelle, celle de la métaphysique antique de l'Un et du multiple, du Tout et de la toute-puissance du Rien, de l'Être et du Non-Être originel ou, selon Maître Eckhart, du *Surétant non-être* : « *jusqu'au-delà de la mort* ». Ainsi Reb JaBès oppose-t-il à la vie la vérité de la mort, « *la vérité du vide* » dit-il. Chez lui, « *l'unique interrogation de l'homme : – Qu'est-ce que la mort ?* » est indissociable de l'autre question clef : « *Qu'est-ce que l'homme ?* ». Question sous-entendue dans la question la plus obsessionnelle : – Qu'est-ce qu'être Juif ? – Qu'est-ce qu'être Je ?

« *Je dis* Je *et je ne suis pas* Je. Je *c'est toi et tu vas mourir* ».

Juif est l'axiome de Rimbaud *: Je est un Autre*. Il faut être passé par la mort philosophale, ou trépassé vivant, pour pouvoir écrire comme Raymond Abellio nourri par la gnose hébraïque : « *L'identité est l'altérité absolue* ». Reb JaBès dit la même chose autrement : «*"Je" est l'univers* ». Au fond, celui qui cherche sa *propre* identité ne peut jamais la trouver que dans sa *propre* mort. N'être plus, aux yeux de Reb JaBès, c'est « être plus » ou encore « *être tout, car le Tout est absence* ». C'est pourquoi il a pu écrire « *Tu as le vide pour visage* » – « *Tu as le vide pour voyage* ». Chez lui,

« *le regard du regard* » a le même sens infini que le « *Je* » transcendantal chez Edmund Husserl, autre génie juif ayant orienté et parachevé la philosophie occidentale dans une nouvelle gnose transculturelle et transreligieuse intégrant et rebouclant – sans s'en inspirer – celle de Maître Eckhart. JaBès et Eckhart se rejoignent dans leur vision de la positivité du négatif ou de la splendeur du néant. La mort, selon Reb JaBès, « *n'est pas la perte de la mémoire ; mais son apothéose. L'apothéose de la lumière* » – « *La mort est dans l'amour et l'amour après et avant la vie* » – « *L'au-delà de la vie rejoint l'au-delà de la mort : une même eau, un même feu, un même désert* » – « *L'homme s'accomplit dans le dépassement de soi. La mort le rend l'égal de Dieu. Et il pensait : Où la mort nous entraîne, l'impossible devient possible* » – « *La mort est la vie pleine proposée à qui désespère de vivre* » – « *La mort est l'invisible vie, celle de Dieu* ». Un dieu caché qui n'est ni celui des Juifs ni celui des Chrétiens. Une énigme infinie, « *le vocable le plus seul* », « *le plus exilé des vocables* ». Vision transpoétique plus métaphysique que religieuse et qui sous-entend une expérience alchimique opérative, une réalisation intérieure effective. L'œuvre d'Edmond Jabès est transpoétique au sens où elle se révèle une voie d'autotransformation vers l'autoconnaissance. « *Écrire,* disait-il, *c'est entreprendre un voyage au terme duquel on n'est plus le même* ». Le « Soi » chez lui est infiniment autre que soi.

*Le Livre des Questions* s'ouvrant par un axiome paradoxal – « *Tu es celui qui écrit et qui est écrit* » – est une sorte de *Livre des Mutations ou des Transformations*, mais sans référence au *Yi-King* chinois. Car l'écriture est opérative, aussi opérative que les échanges d'énergies dans toute alchimie sexuelle fondée sur l'amour. S'il y a « *suprématie du verbe sur l'homme* », c'est par son pouvoir d'éveil, c'est par le silence qu'il véhicule, c'est par les fenêtres et les portes qu'il ouvre à l'intérieur de l'homme, là où « *l'âme est féminine* » et là où elle coïncide avec l'essentielle féminité du monde. C'est pour symboliser cette invisible essence féminine que les prophètes et les religieux portent la robe. À la fin de sa vie, Edmond

Jabès portait pour ainsi dire la robe de sa sagesse. Il était enrobé de calme intérieur, signe d'une véritable réalisation spirituelle. Français par la langue dont les jeux de mots phonétiques l'enchantaient (comme *l'envers et le droit*, comme l'association des mots *légère et lingère*), il était resté juif sépharade par sa sensibilité comme en témoignent « *les mamelles de la nuit* » et autres images bibliques du désert de sable, des ânes et des dattiers sous un ciel en feu.

Au fond, le *Juif* qu'il met à nu au cœur de notre conscience transcendantale n'est pas autre chose que l'énigme de la *transpoésie que nous sommes* en tant que mortels au fond immortel de nous-mêmes. N'est certes pas poète et ne sera malheureusement jamais poète celui qui, fatalement aveugle, n'arrive pas à reconnaître son propre visage intérieur, la nudité de son âme, son visage sans visage dans celui du juif errant. Du Juif... errant silencieusement d'un vocable à l'autre dans le labyrinthe sans fin du *Livre des Questions*.

MICHEL CAMUS

(Penta-di-Casinca, 26 VII 93)

Ce texte, jusqu'ici inédit en français, a été traduit en allemand et publié dans l'ouvrage collectif ***Und Jabès***, Jutta Legueil Verlag, Stuttgart, 1994.

## *Post scriptum* : Rêve prémonitoire d'Edmond Jabès

Il s'est éteint paisiblement dans le fauteuil de son cabinet de travail donnant vue dans sa rue de l'Épée-de-Bois. Il était seul. Sur ses genoux, la couverture rouge (des éditions Fourbis) d'un livre posthume de Michel Leiris ouvert à la dernière page. Quelques semaines auparavant, il m'avait raconté le rêve surprenant dont il avait pris conscience au réveil : il se promenait seul et solitaire dans une allée ombragée du Jardin des Plantes où il eut l'intense surprise de voir apparaître feu son ami Michel Leiris qui lui dit : « Vous voilà déjà ? Je ne vous attendais pas de si tôt ! ».

Edmond Jabès n'a pas besoin d'être présenté. D'une part il a eu de son vivant même ce peu d'attention mais fervente et fondamentale qui suffit pour assurer la présence d'une pensée, d'autre part son œuvre va s'affirmer d'elle-même ce soir encore. Qui plus est, lequel d'entre nous pourrait prétendre parler de lui mieux qu'un autre, alors que sa réflexion fut de celles qui, justement, nous incitent à nous déplacer en nous-mêmes, à nous y décentrer, à ne plus occuper, par rapport à quoi que ce soit, une position de maîtrise ?

Mais puisque vous me le demandez, cher Didier Cahen, ami vous-même de cet homme qui nous fut cher, recevez pour en faire part à ceux qui se réunissent aujourd'hui le témoignage de mon affection pour Edmond Jabès. Si attentif, si heureux d'entendre et d'accompagner ses amis, si naturellement ouvert à tout ce qui valait était-il, que je ne puis même penser qu'il ne sera pas là parmi nous : non parce qu'on va lire de ses œuvres, mais par sympathie pour la lecture généreuse, pour la vérité revécue par la voie de l'amitié, pour la recherche en commun.

En bref, ce qu'une société devrait être et ce qu'une œuvre comme la sienne, à la fois lucide et courageuse, peut contribuer à fonder.

Yves Bonnefoy

## Pour Edmond/Hommage de Massimo Cacciari

L'*hôte*, celui qui reçoit l'*étranger*. Il fut un temps (le temps d'un rêve ?), l'*hostis*, l'hôte était, en fait, le pèlerin ; le chemin s'inscrivait dans son nom (« le chemin est dans ton nom »), et tout en cheminant, il gardait ses propres lois, reconnues par l'*hospes*, l'hôte qui le recevait.

Pour qu'il y ait *hospitalité*, il faut nécessairement qu'il y ait un étranger, un chemin et celui qui sait accueillir le *pèlerin*, sans chercher à l'assujettir, ni lui imposer les lois de sa demeure ; plus même, sans rien lui demander. L'hôte reçoit, un point c'est tout.

Le désert de Jabès est l'éternel chemin entre *hospes* et *hostis*. La générosité infinie est « critère » de l'hospitalité. Générosité libre de tout désir d'appropriation, de possession.

La maison de l'*hôte* (*hospes*) n'a pas de racines physiques, matérielles ; elle est le lieu où s'accueillent et se recueillent pèlerins et étrangers. Éternel passage, preuve éternelle.

La maison où *hospes* et *hostis* créent un lieu, ne peut se définir, ne peut se préciser. Sa loi n'est pas de cette terre. Aucune langue ne l'habite, puisque *hospes* et *hostis* ont des langages différents et cette différence n'est pas surmontable. L'un et l'autre offrent l'hospitalité à cette différence.

En formulant cette idée, Jabès a donné forme à un destin dont nous n'avons perçu, jusqu'à présent, que le versant le plus terrifiant : celui qui narre notre *hostilité* réciproque, notre absence de lieu et absence d'*ethos*, et donc de divin – puisque le divin dans l'homme est justement son *ethos*, le sentiment de son appartenance à un lieu, à une langue et à des dieux obscurs.

Jabès a mis en lumière l'autre face de ce destin ; c'est justement l'absence de racines terrestres qui donne aux mortels l'accès au *chemin*. Seul le chemin conduit à l'hôte et nous fait hôtes ; que la langue de notre hôte ne soit pas la nôtre, que nous ne la maîtrisions pas, nous empêche certainement d'imaginer l'asservir, lui imposer notre loi.

Il est alors possible d'habiter ce lieu, cette patrie – puisque en fin de compte, nous avons appris « que toute patrie n'est jamais qu'une infime partie d'un rêve commun ».

MASSIMO CACCIARI
mars 1992

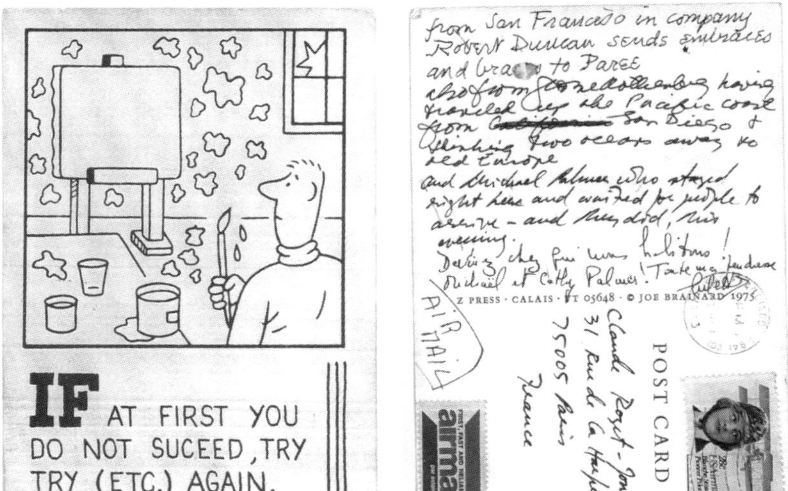


Carte postale écrite par R. Duncan, J. Rothenberg, M. Palmer, et Arlette Jabès en 1983, adressée à Claude Royet-Journoud.

Nice-Prague-29 février/1er mars 1992

Mon cher Didier,

De l'autre côté du monde, là où je serai éloigné ce 16 avril, je m'associerai de tout cœur à ce grand et juste hommage à Edmond Jabès. J'aurais été, donc je suis parmi vous et j'aime que ce témoignage ait lieu au Collège : aucun lieu ne me paraît ici plus approprié, plus consonant, mieux nommé, appelé, destiné.

Dès le départ nous l'avons voulu ouvert et propice au penser poétique sous le signe duquel vous marquez cet anniversaire.

Au moment où Edmond Jabès, où lui-même en ce nom atteint quatre-vingts ans (et je me rappelle ce qu'il me confiait un jour sur une certaine incertitude quant à la date de sa naissance et à son inscription d'état civil, comme si la différence d'un jour ou deux la rendait aussi introuvable, impensable que la mort même), je pense dans la ferveur mais aussi dans la mélancolie à nos premières rencontres, il y a trente ans. Je venais de découvrir *Le Livre des Questions*, comme par hasard chez un marchand de journaux de banlieue, et d'y entendre résonner, depuis des lieux à la fois immémoriaux et dès lors si peu frayés, si peu discernables, une voix dont j'ai pressenti qu'elle ne nous quitterait plus, même si un jour, lui, Edmond Jabès, que je ne connaissais pas encore, dont je ne savais rien, pas même s'il vivait, et où, devait se taire et nous laisser seuls avec ses livres. C'était déjà, dès cette première lecture, une certaine expérience du silence apophatique, l'absence, le désert, les chemins ouverts hors les routes, la mémoire déportée, vous savez, le deuil, tous les deuils impossibles.

L'amitié avait donc commencé à se réfléchir dans le deuil, dans l'œil du poème avant même l'amitié, je veux dire avant celle qui nous réunit ensuite, en voisins, entre la rue de l'Épée-de-Bois et la rue d'Ulm, en telle occasion avec Celan, en telle autre avec Gabriel Bounoure (une grande amitié que je dois à Edmond Jabès).

Quand l'amitié commence avant l'amitié, elle touche à la mort, bien sûr, elle naît dans le deuil, mais elle est aussi doublement affirmée, deux fois scellée ; cette reconnaissance qui vient avant la connaissance, je crois qu'elle se destine à survivre. Dès sa naissance : dans tous les livres des questions, ceux qui portent et ceux qui taisent leur nom, au-delà des livres et de leurs titres, au-delà des mots aveugles.

Edmond Jabès savait que les livres n'appartiennent plus, ni les questions, sans parler des réponses.

Si j'ai le désir, si j'ai si facilement en vérité le sentiment d'être près de vous ce 16 avril, depuis la côte du Pacifique, ce n'est pas seulement parce que les lecteurs, les admirateurs et les amis d'Edmond Jabès sont ensemble dans ce lieu qui m'est proche et me reste cher. C'est aussi que du partage invisible où se croisent la pensée et le poème, les meilleurs témoins restent pour moi d'autres amis, Michel Deguy et vous-même en particulier, et ceux auxquels vous me permettez de m'adresser ainsi.

Dites aussi, je vous prie, mon affectueuse fidélité à Arlette Jabès (…)

JACQUES DERRIDA

## Le dialogue muet

Le Livre indique l'heure exacte et celui qui écrit parle pour la première fois. Le Livre est dans le temps l'attente peut-être messianique du temps. Et ce futur nous fait et nous défait, nous affirme et nous efface. De sorte que nous n'aurons jamais eu de biens ni de visage. La perte et le don – le partage du Livre et de sa solitude – fut et sera notre parcours. Écrire est cette tâche, cette dépossession, cette prochaine lecture.

Le Livre est la question de la question du Livre, du mot perdu, du vocable qui va au vide, de Dieu qui est dans le Livre, du je qui prie son absence ou son illisibilité. Je est au seuil du Livre, dans l'avant avant seuil. L'attente est toujours là, l'inépuisable quête, l'avenir rayonnant du Rien. Le silence borde les mots de l'adieu – les derniers et les premiers mots – voue le nom à l'oubli et à la plus pure mémoire, à l'infini recommencement du dialogue muet où tout parle désormais.

JACQUES SOJCHER<br>ce 16 avril 1992

## Le Deuil de l'adieu

Où il y a mot, là s'écrit la perte. Au seuil du livre autant qu'à sa fin s'étendent le manque, la séparation, l'absence et le vide. Le vocable creuse dans la page une absence irréversible. « Le premier mot, écrit Edmond Jabès, est mot de deuil », nous faisant reconnaître ainsi, que l'objet ou l'être que le mot désigne est irrévocablement perdu. Ayant laissé place à une parole dont la signification s'enracine dans l'infini de l'absence, le mot est trace de ce qui a été perdu, de ce qui, s'il était toujours en vie, n'aurait aucunement besoin d'un mot pour exister, pour s'exprimer, pour apparaître devant nous. Alors, les mots dont nous nous servons ce soir pour nous rappeler un homme que nous avons tant admiré et tant aimé, signifient par leur nature même l'absence et le manque de celui qui aurait eu aujourd'hui 80 ans. Et les paroles d'amitié, d'hommage, de remémoration que nous prononçons ce soir, ne sont et ne peuvent être que des paroles de deuil, lesquelles établissent un lien au présent avec ce qui est absent, avec la présence de l'absence, la présence non-présente qu'est devenu Edmond Jabès dans le silence, l'étrangeté, et la distance qu'il habite depuis plus d'un an. Ces mots de deuil dont on ne saurait se passer, s'expriment aussi dans la suite de livres inépuisables et à jamais inachevés, – livres de questions, de ressemblances, de subversion, de limites, de marges, de désert, – qu'Edmond Jabès a écrits pour affronter avec un courage des plus rares le tragique de la vie, l'horreur de la Shoah, l'exil et le déracinement des êtres humains. Et malgré la douleur de l'exister qui s'est traduite dans ses livres, il a su donner voix aussi à l'amour, l'amitié, l'hospitalité, et le partage, expériences qui fondent entre hommes et femmes un dialogue fondamental, par lequel la parole, les réunissant et les reliant dans une communauté humaine, leur donne la possibilité de partager leur condition d'étrangers.

Ces mots qui s'expriment par la voix du deuil, ces paroles qui prennent souche dans le parler de l'absence, ces vocables auxquels la perte donne naissance, c'est surtout dans le livre qu'ils trouvent abri. Car le livre est le lieu du manque. Si c'est vrai que le premier mot est mot de deuil, c'est parce que, comme Edmond Jabès l'a remarqué, « Le Livre se ferme toujours sur un visage perdu ». C'est à la perte de ce visage – accueillant, doux, souriant, généreux, hospitalier – que nous réfléchissons ce soir d'autant plus que nous pensons aux livres au cœur desquels ce visage continue d'exister, livres à jamais ouverts, à jamais inachevés, et à jamais adressés à un autre qui ne répond plus. Sans cesse, nous font-ils voir et revoir non seulement un visage disparu, mais ce qui dans sa perte même, dans son absence même, restera la présence irrécusable de ce visage. Le livre établit un face-à-face avec le visage perdu, de telle sorte que ce visage ne disparaîtra jamais et le dialogue que nous avons entamé avec lui ne s'effacera pas non plus.

En fin de compte, l'écriture par laquelle Edmond Jabès a erré seul dans l'être désertique de notre condition humaine fait échec et nous abandonne. Et nous nous trouvons devant le silence, celui qui sortant de l'intérieur des vocables, surgissant d'entre les mots, s'élançant des espaces infiniment blancs de la page, jaillissant des labyrinthes souterrains des livres, ne peut qu'exprimer le deuil sans fin qu'un visage perdu fait vivre. S'« il n'y a pas de mots pour l'adieu », comme Edmond Jabès l'a écrit, c'est parce que notre mémoire est aussi profonde et aussi puissante que notre deuil. Il nous restera toujours à dire adieu à cet homme doux et gentil, né il y a 80 ans. Car c'est un adieu qui, les mots manquant, sera toujours à dire, et à redire, et à dire encore. Dans l'absence de mots qu'instaure le deuil, dans le silence d'avant et d'après le livre, c'est donc par un adieu indicible, imprononçable, impossible à dire, que nous continuerons à parler à Edmond Jabès, à dialoguer avec lui, à le regarder comme cet autre qui, à travers le souvenir de son amitié et la lecture de ses livres, ne cesse de marcher à côté de nous et de nous accompagner tout le long de notre chemin sur la terre, cette terre qui est devenue plus habitable grâce à son inoubliable présence parmi nous.

RICHARD STAMELMAN

le 16 avril 1992

## JA, BES

« Notre nom ne serait que le reflet d'une absence de nom[1]. » Jabès a déclaré cela un jour, il n'a pas cessé de répéter cela, et combien de textes, tous peut-être, aura-t-il calculés autour des reflets de cette absence. *Notre* nom, disait-il, donc le sien avec tous, entre tous, son nom qu'il faudra supposer clairement désigné partout à travers ses textes, selon sa propre maxime d'« Écrire ce que l'on est. Être ce que l'on écrit[2] ». Maxime insensée, maxime inacceptable, mais la seule recevable – s'il faut donner ou suivre des maximes, question qu'on ne posera pas ici.

Jabès aurait donc écrit partout son nom, et rien que son nom. Telle est l'hypothèse, fidèle à tous les usages que Jabès a pu faire des noms. À supposer, du moins, qu'il ait *été* son nom, et à supposer qu'il ait *écrit* son nom. Suppositions l'une et l'autre vaines, car pas plus que quiconque il ne fut un nom, ni n'écrivit son nom, tout au plus le signa-t-il, tout au plus se signa-t-il de son nom comme les chrétiens « se signent » d'une croix *au nom* de leurs trois dieux sans nom. Mais suppositions nécessaires car *notre nom*, à tous et à chacun, est le plus que frêle mais unique indice d'être de notre être – et tout le reste est existence au monde sans indices ni preuves ni conséquences.

À supposer donc ce que supposent tous ses livres, comme un long exode du nom, à supposer qu'il ait été son nom et qu'il ait écrit ce nom d'un bout à l'autre interminablement, alors –

> *ja* : c'est en allemand d'abord qu'il aurait écrit, inouï, pour dire « oui »,
>
> enchaînant *bès* :
>
> « préfixe dont le sens péjoratif est le même que *bis* et qui

[1] *Entretiens*, p. 18.

[2] *Le parcours*, p. 81.

se trouve dans *besaigre* (...)

– *bis* : préfixe qui a un sens péjoratif, par exemple dans *bistourner*, mal tourner, tourner de travers, et qui est une autre forme de *ber*, *bre*, *bar*. D'où vient cette particule ? On a indiqué l'allemand *mis* qui convient pour le sens, qui se trouve dans *mes-estimer*, mais où l'*m* ne peut pas être devenu un *b* (...). Diez est disposé à y voir le latin *bis* deux fois, attendu que, en composition, ce mot, de l'idée de double, passe à l'idée d'oblique, de travers, par exemple dans l'espagnol *bis-ojo*, louche, c'est-à-dire double œil. De ces conjectures, la dernière semble la plus plausible[3]. »

*Oui deux fois, oui double, oui oblique, oui louche.* Louche parce que dans plus d'une langue. Louche parce qu'allemand et latin. Louche parce que rien d'autre que *ja, ja – ein reines Jawort, das Jawort als Name, was heisst das, oder wie heisst das ? mag das Ja heissen ? (en allemand dans le texte)*. Louche parce que pas plus juif ni égyptien que ça. Mais autant que ça, pourtant, l'un et l'autre, oui, oui.

Aussi juif en tout cas qu'une tribu perdue ou dévoyée :

« Ils dirent alors : "Quelle est celle des tribus d'Israël qui n'est pas montée vers Iahvé à Mispah[4] ?" Et voici que personne de Jabès en Galaad n'était venu au camp pour l'assemblée. La population avait été recensée et, en effet, il n'y avait là personne des habitants de Jabès en Galaad. Alors ceux de la communauté envoyèrent là-bas douze mille hommes des plus valeureux et leur donnèrent des ordres, en disant : "Allez ! Vous battrez au fil de l'épée les habitants de Jabès en Galaad, ainsi que les femmes et les petits enfants." »

*

« Et si la lettre n'était que le secret du nom[5] ? » C'est-à-dire : la lettre littéralement prise comme lettre, tracé phonique ou graphique, ne faisant pas signe et signant seulement quelque décou-

[3] Littré.

[4] *Juges*, XXI, 8-11.

[5] *Le parcours*, p. 25.

vert d'espace, cette lettre n'est rien d'autre que ce qui détient toute la puissance indicielle de l'être. Et réciproquement : tout l'être de l'être, toute son estance ou sa prestance, est confié à la lettre, au corps frêle d'un trait, à son fêle bruit. Ainsi, la première lettre de Jabès, *J*, qui se prononce comme « gît » ou comme « j'y » : j'y suis, j'y vais, j'y gis, j'y suis gisant. En allemand, la lettre *jott*, und das heisst so viel wie *jota*, aus *yod*, das der semitische Name des Buchstabens ist, der in der Bibel als Symbol der Kleinheit gilt. *Jott* der kleinste der Kleinen, die letzte Kleinigkeit des Namens. Der Buchstabe : so viel wie nichts. Geheimnis als Nichtigkeit.

Mais il n'y a pas la lettre unique : la lettre au singulier est déjà multiple. Ce qui veut dire aussi, entre bien d'autres choses, vocalisée : non pas *j*, mais *ja*.

*Ja* : « Iah est ma force et l'objet de mon hymne (...) C'est lui mon Dieu[6]. » « Iah » comme la lettre et le secret de Iahvé : non le tétragramme sacré, mais le gramme, pas plus lourd qu'une exclamation, pas plus chargé de dieu que ça. Hallelu-Iah : « louez Iah », c'est presque dire : louez l'exclamation de la louange. *Jott*, Gott.

*Jabès = Iahvé*. Dieu deux fois, dieu oblique, dieu louche. Dieu qui s'exclame être sa propre exclamation, rien que son nom et tout son secret de dieu là pesé, pour un gramme. Dieu qui n'est ni absent, ni retiré, ni détourné, ni perdu, simplement divisé d'une exclamation, bouche humaine bien avant d'avoir invoqué aucune divinité. *Ja*, *jab, jott, Job. Je*-mand.

Oui, Jabès, oui la tribu sans respect, qui dit oui mais à rien qu'on puisse approuver, qui dit *ja* seulement comme la lettre même, n'ayant rien d'autre à affirmer ni à garder que la lettre littéralement, c'est-à-dire peut-être le grec *diphtera*, la peau travaillée, le parchemin. Oder das Buch – Buche, Baum, Holz – durch den Stab gestrichen : der Stab, der senkrechte Strich der Runen. Jabès schreibt in semistischen Runen. Oui (à) la trace incisée marquée

[6] *Exode*, XV, 2.

sur la surface raclée pour recevoir le trait. Oui à la surface rayée. Gedankenstrich des buchstäblichen Namens : A-B.

*

*Edmond* = le protecteur des biens (c'est le professeur d'anglais, Mallarmé, qui le dit). Edmond garde le trait, ou plutôt, il est lui-même le trait qui garde, le bien de tous les biens, car comment un bien serait-il distingué comme tel – en excellence ou en propriété – s'il n'était discerné d'un trait de qualité ou d'appartenance ? Un trait quel qu'il soit distribue du propre : une région de part ou d'autre du trait, ou bien le trait lui-même en lui-même sans fin divisé. *Edmond* nomme et protège le trait double du *Ja*, d'un bout à l'autre des livres de Jabès. le trait toujours sans fin dédoublé, *ja, ja, A-B*.

Jabès n'écrit que ça. Tout le monde le sait, tout le monde l'a lu et commenté : on n'a commenté que ça, le sachant ou pas, le montrant ou pas.

Edmond Jabès n'a écrit que la garde du trait impossible à garder puisqu'il instaure toute garde. Le trait unique infiniment multiple de l'acclamation du propre : louez-le qui se loue de sa distinction absolue. Pur plaisir de rayer d'impatience la face impassible de l'être. Plaisir enfantin d'être *là*.

Le plus grave et le plus enfantin : n'être que là. Imaginez un jour Edmond Jabès ce petit Egyptien nouveau-né, rien qu'un nom qui part de rien, pareil à tous les noms, substituable à tous et pourtant soudain déjà irremplaçable, et tout au bout toute une histoire que nul ne pourra jamais récapituler, une ligne brisée de cailloux brillants marqués du même nom ne menant nulle part qu'à l'écho de ce nom diffracté entre quelques mémoires, quelques bibliothèques. Qu'est-ce qu'être Égyptien ? Pour toute une partie du monde, c'est l'enfant absolu, le nouveau-né qui part de rien et peut aller partout. En un sens, l'Égyptien a déjà tout accompli, il naît immobile et son premier cri est aussitôt muet comme la pierre. En un autre sens – mais n'est-ce pas le même ? – l'Égyptien est pure dérive, il tourne Juif ou tourne Grec, il tourne Arabe ou Chrétien, il tourne à tous les noms. *Égypte* veut dire le nom, la souffrance et la joie du nom, sa richesse et sa pauvreté.

*

Mettons qu'Edmond Jabès n'ait rien écrit, sinon, partout, son nom. Il n'aurait écrit que son nom partout. Comme un qui grave avec un couteau ses initiales et celles de l'autre, mêlées, entrelacées, inversées, réversibles dans un cœur naïf : *E.J. - J.E.* Non pas « moi », pas « ego », pas une substance, un sujet, un suppôt – mais le trait de l'énonciation, le trait de la bouche ouverte, de la plume traçante. *Je - Ia* : je ne suis que mon exclamation (pas de proclamation ni de clameur). Pas ego, mais écho : ja, ia, ya.

Rien d'autre que l'imprescriptible *dire je*, qui n'est pas un dire parmi d'autres puisqu'il est le dire même, le disant du dire en tous les dires.

En allemand : *E.J., J.E., je, jemals, von jeher, immer unendlich je sagend.*

*

En pays arabe, *J*abè*S* commence et finit par les lettres de la Sourate XXXVI, celle qu'on récite aux enterrements : « I.S. – Nous rendrons la vie aux morts. Leurs actions, leurs démarches, seront écrites dans le livre de l'évidence. »

Mettons que Jabès n'ait rien écrit que le livre de l'évidence.

Rien écrit, par conséquent. Rien que ce qui peut se voir à découvert sur toute lettre indifféremment choisie, présentée et combinée à rien d'autre qu'à de l'espace libre ou gribouillé : un vestige d'écriture, comme il en existe par le monde, sans clef pour sa combinatoire. *Vestigium litterae video.* Espèce de linéaire B, d'archi-rune ou de trace douteuse, griffe d'animal ou chute de pierre.

Pas à lire, par conséquent, pas déchiffrable. D'où sa hantise d'être lu absolument : jusqu'au bout de cet « élan des mots vers les mots[7] », jusqu'au bout et dans tous les sens, dispersé en pulvérulence de sable

[7] *Entretiens*, p. 131.

ou de neige ou de voie lactée. Tu es poussière de nom et tu retournes en nom de poussière. Tout éparpille d'entrée de jeu ce labeur patient, souriant et tenace à écrire sans fin la même unique imperturbable écriture de la permutation générale immobile de tous les signes sous laquelle demeure ce qui ne loge en aucun signe ni système de signification, *le livre qui n'est que l'illisible se déchiffrant lui-même à livre ouvert et littéralement.*

*

Mettons que dieu s'est décidé à écrire illisible illimitant le lisible de tous les mots et que jabès est son nom disant oui à son abandon, à l'abandon du nom de jabès lui-même pour autant qu'il aura fait nom et ainsi fait dieu et ainsi manqué à la réserve du nom lui-même qui jamais ne saurait nommer et qui le sait et qui ne laisse place pour rien ni pour personne qui aurait un nom par-delà tous les noms ni un nom incommensurable ni pas de nom enfin, car cela serait encore et toujours nommer si nommer veut dire faire venir à l'être.

À cela tout « nominalisme » est implacablement acculé : la chose nommée peut bien n'être que le nom, déjà pourtant de ce fait elle existe. Non pas que le nom consiste par soi en quelque façon (ça, c'est l'« imaginaire », comme on dit), mais rien ne vient à l'être que l'être même et le nom est la part absolue de l'écartement de soi selon lequel l'être vient à être et se sépare donc de soi, de l'être *même.*

Le nom ne nomme rien ni personne : trace la différence d'un « oui » à un autre « oui » d'existence, et cette différence est l'exister lui-même. Moi Tarzan, toi Jeanne. Et ainsi tous les noms sont Ja-bès. Oui, tous les noms se valent, ils se valent en tant qu'ils se dénomment les uns des autres, et *Edmond* garde cette valeur égale et indéfiniment échangeable et chaque fois unique qui fait qu'E.J. disparu cette voix ne s'entendra plus qui disait la même identique chose, la même évidence que toute voix et chacune.

*

*Ja !* don't make any comment. For E.J. is already its own commentary. *À lui-même commentaire infini de son propre secret.*

Secret désacré parfaitement concret des noms à chaque instant renaissant en un sens différent. Ce sens différent chaque fois même et substituable comme sur les stèles ou sur les plaques identiques d'un immense cimetière de guerre ou de catastrophe où l'on n'a pas pu personnaliser les tombes et où de ce fait la singularité de chaque nom se dresse plus nue, plus évidente. Mais dans les fours crématoires et dans les charniers on fait justement le contraire : on ne donne pas de place à la substituabilité des morts, on les écrase en autre chose que des morts, et pire que toute mort. Exposer un corps aux vautours ou aux aigles sur une claie ou sur une terrasse au soleil et au vent, le placer sous une dalle ou dans une urne, c'est exposer ce corps, et ce n'est pas le nier dans la bouillie. La pourriture ne doit pas être l'œuvre de l'homme.

La sépulture doit être et elle a toujours été l'espace très clair d'une autre naissance – non d'une renaissance à quelque fantasmagorie de seconde vie, mais d'une remise en jeu de la naissance unique en tant qu'écartement d'une place au monde – et c'est tout, et c'est déjà beaucoup, c'est tout, qu'une place soit faite et ainsi une chance risquée de plus pour le sens de tout et de tous. Cette place est la place d'un nom : un nom chaque fois propre et anonyme, *oui, oui, lui, celui-ci.*

*Bès*, dieux nains grotesques de l'Égypte présents auprès du lit de celle qui accouche, figures labiles mêlées d'animaux changeants et d'attributs chatoyants. *Bès* du corps encore informe presque et pourtant déjà délivré de l'informe, divinité de l'individuation indivise, diverse et divagante – « *corps innombrable (...) corps végétal, animal ou humain ; corps d'un parfum, d'un son, d'une présence ou d'une absence*[8] ».

Comme tous accouchant debout sur une fosse préparée ouverte, jambages écartés, A, A, Bès, et tout de suite expulsé premier né, haletant, A, A, Bès, *Abba*, *Babel, Babylone*, *Beginn, Bethel, Biblia,*

[8] *Le Soupçon Le Désert*, p. 99.

*Byblos*, épelant alphabet dans fin de toutes langues, noms et lieux ainsi venant au monde.

*

La lettre secret du nom c'est le corps, où la lettre s'efface, l'extension de ses transformations et déformations et déplacements et greffes et mutilations – cette intégrité maintenue sur la base d'une agitation générale que ne contient rien qu'un espace en soi pivotant sur un axe où il *se ressemblerait* d'une extrémité à l'autre et d'une naissance en l'autre – corps dont pas un grain de peau ne sera resté le même et malgré tout la même peau partout, *ja*, comme à visage découvert. Lui, le même, comme son nom.

*

Alors on va jusqu'au secret du chiffre de la lettre, selon la gématrie des Pythagoriciens transmise et multipliée jusqu'aux neuf méthodes pséphiques de la Kabbala. Ainsi dans la gnose de Marcos le chiffre de *Ia*, premier des sept Archontes, est 10 + 1, et celui de *Jabès* est 10 + 1 + 2 – 5 + 200 = 218 = 2 + 1 + 8 = 11. Jabès premier Archonte et deux fois 1, l'unité doublée, juif runique et arabe latin, disant en toutes langues son nom secret de *ja* deux fois.

*Ja* : Jabès musste doch deutsch sprechen. Musste, die für ihn unsprachbare Sprache sprechen. Aussprechen. Musste, von allen unbemerkt, das Wort und den Namen in diese Sprache tief hinein legen, so tief, dass der oder das verschwindet. Et ne revient jamais. Mit jeder Buchstabe bejaht – jabès – die Schrift dieses Verschwinden, also bejaht sich das Schreiben selber. Was es je vermag.

*

*J'abaisse* le nom comme la poignée d'une porte et j'ouvre : la grande plaine de la prose est prête pour l'exode.

JEAN-LUC NANCY

juin 1993

## Pour une stratégie de l'abandon

Du point de vue de son auteur, à partir de quel moment une œuvre est-elle finie ?

Les réponses d'Edmond Jabès et de Gérard Garouste ne diffèrent pas. Pour le premier, un poème ou un livre n'était jamais terminé, il fallait savoir l'abandonner ; pour le second, aucun travail ne connaît de conclusion définitive et peut être toujours repris. L'œuvre est donc une forme accomplie, devenue extérieure à celui qui la portait, mais elle n'interrompt pas le questionnement dont elle est l'une des issues. Au poème ou au tableau de s'exprimer alors à la place de l'artiste. « Je peins parce que je ne peux pas *parler* de ce qu'il y a en moi », m'a confié Gérard Garouste. « Je veux bien évoquer les conditions de mon travail, de ma vie, de mes sentiments à l'égard de mon temps, m'a dit un jour Edmond Jabès, mais je me refuse à *discourir* sur mes ouvrages ». Pas de commentaire sur l'œuvre, donc, mais une *écoute*.

« Écoute Israël… ». La prière la plus importante des Juifs, le *Shema*, commence par cette parole retentissante. Cette injonction vaut moins qu'un ordre et plus qu'un appel. Quatre verbes y sont inclus et comme assemblés indissolublement : écouter, cela va de soi, mais aussi entendre, comprendre, et accepter. Le verbe hébreu *lishmoha*, dont *shema* est l'impératif, exprime ces quatre sens à la fois.

Mais, qu'est-ce qu'écouter ?

Quand j'écoute l'autre, je dois résonner avec lui – je dis bien résonner, pas raisonner. Mais quand j'écoute cet autre, je ne l'entends pas seulement, je m'écoute aussi, c'est-à-dire que j'accède à quelque chose qui parle à travers moi. C'est sans doute cela qui inspira un jour à Rabbi Mikhal une parole inouïe. Alors qu'il se livrait à une interprétation talmudique, en pleine synagogue il s'écria : « Ce que je dis, il faut l'écouter ». Il s'interrompit soudain et garda le silence un instant. Avant de reprendre son discours, il précisa : « Je n'ai pas dit qu'il fallait écouter ce que je dis ; j'ai dit que ce que je dis, il faut l'écouter, voulant dire par là que moi aussi je dois écouter ce que je dis ». En s'écoutant, en s'acceptant étranger à lui-même, Rabbi Mikhal espérait entendre ceux qui, en lui, l'aideraient à cheminer.

Ainsi donc, écouter, c'est se *découvrir*, à condition de conserver joints les deux sens de ce dernier verbe : se défaire d'une couverture protectrice, et s'ouvrir à soi. Le premier sens est tourné vers l'autre, car la couverture risque d'étouffer, d'enfermer, d'interdire l'accès : se dévêtir, ici, permet d'accueillir autrui. Le second sens est orienté vers soi, puisque s'ouvrir consiste à parcourir les terrains inconnus de notre être, ces espaces qui ne se laisseront jamais totalement explorer, qui ne cesseront de se déployer à mesure qu'on tentera de les défricher. Nous sommes ainsi à nous-mêmes notre propre avenir.

Dans ce double *découvrir* se côtoient les deux faces indissociables d'un seul et même mouvement. Il est impossible d'écouter sans se découvrir ; écouter permet d'accéder à ce qui, en soi, relève d'autrui ; simultanément, cela conduit à s'ouvrir à cette part d'ombre qu'est notre vie – à devenir.

Pour Edmond Jabès, l'homme ne devient pas ce qu'il est ; il est ce qu'il devient. Devenir suppose un cheminement au cours duquel une ombre accompagne l'homme en permanence. Elle est ce qui, en lui, ne se livrera pas, ne lui sera jamais complètement compréhensible. En même temps, cette inaccessible proximité contient des vies potentielles, c'est-à-dire la possibilité de risquer des chemins, de progresser vers des lieux encore inexplorés. Tout juste un peu de lumière suffit alors pour que l'ombre soit portée, pour qu'elle soit porte entrouverte sur l'infini qui siège au beau milieu de notre finitude. Creuser vers cette zone d'ombre consiste donc à s'avancer vers l'étrange et vers l'étranger qui s'agitent en nous.

Familiers de leur propre étrangeté, le poète et le peintre luttent paradoxalement pour la faire reculer avec l'espoir inavoué de ne pas la vaincre. Il s'agit seulement pour eux de réduire la distance qui les sépare de leur propre mystère. Chaque œuvre en est la manifestation extérieure. L'artiste peut alors dire : c'était en moi, c'était moi, mais ce n'était pas totalement moi, puisque c'est sorti de moi. Peut-être s'agit-il là de ce qu'on appelle le devenir : une poursuite d'un être qui est à la fois devant et derrière nous, et qui, lorsqu'on croit l'atteindre, s'évapore. Ce devenir-là se soustrait plus encore à autrui qu'à nous-mêmes. L'autre nous immobilise, il ne voit que la trace fugitive que nous imprimons sur sa rétine cérébrale, car il prélève une série d'instantanés sur un mouvement qui lui échappe. Tandis qu'on s'évertue à le définir, à le classer, l'artiste refuse toute fixation, dans la mesure où il ne cesse d'interroger en lui, jusqu'à épuisement, ce qui précisément ne se laisse pas épuiser.

Tout comme Edmond Jabès, Gérard Garouste entretient ce souci permanent de travailler à se laisser travailler par son étrangeté. De cette étrangeté, une partie souterraine gronde à l'intérieur de l'homme, semblable à un animal sauvage qu'on peut rendre amical sans jamais l'apprivoiser, et une autre, devenue visible, ressemble à de la lave refroidie. L'artiste décide en pleine conscience de ne plus s'impliquer dans la seconde, tandis qu'il renouvelle chaque jour son courage d'affronter la première.

Le peintre, comme le poète, creuse inlassablement jusqu'au point où son étrangeté lui résiste. Les forets de son interrogation tentent de percer les couches granitiques où se terre l'inconnu précieux, et ils extirpent chaque fois quelques fragments d'éternité. Mais ce qu'il obtient par sa démarche courageuse, l'artiste doit encore avoir le courage de s'en déposséder, car seule cette dépossession est accomplissement.

Ainsi Garouste, comme Jabès, adopte une *statégie de l'abandon* qui lui permet de rester toujours étranger à lui-même. Abandonner une œuvre est donc tout le contraire du renoncement, car aussitôt la quête reprend, au besoin avec d'autres forets, ailleurs s'il le faut. Buter sur l'inconnu ne décourage pas mais stimule au contraire la combativité du créateur. Fatigable mais insatiable, il parvient toujours, ne fut-ce qu'imperceptiblement, à faire reculer la limite de sa propre méconnaissance. Voilà pourquoi Jabès et Garouste ne se répètent jamais, bien qu'ils soient obsessionnels.

François Rachline

## HOMMAGE A MAX JACOB

*Monsieur Miroir marchand d'habits*
*Est mort hier soir à Paris*
*Il fait nuit*
*Il fait noir*
*Il fait nuit noire à Paris*

Depuis qu'une dépêche nous a appris la mort à Paris de Max Jacob, ce petit poème de Philippe Soupault chante tristement dans ma mémoire.

Max Jacob est né à Quimper-Corentin, le 11 juillet 1876.

Sa vie fut douloureuse. Enfant, il confiait ses chagrins aux dalles des Églises. Plus tard, il confiera à Marcel Jouhandeau : « Si j'ai péché la veille terriblement, le lendemain, bien avant l'aube, tu me verrais sur les genoux ramper tout le long du calvaire. »

Je l'imaginais toujours à St. Benoit sur Loire où il s'était retiré et qu'il me décrivait ainsi dans une de ses lettres de 1936 : « Petit pays où j'ai vécu jadis sept ans et où j'avais conservé des affections. C'est un pays dont l'immense calme est la seule beauté. Plaines à l'infini. Population paisible, discrète, polie, silencieuse. Je n'y fréquente guère et en cette saison je ne reçois pas de visites. Mes pensées sont celles d'un retraité à ceci près que les retraités pêchent à la ligne et que mes lignes ne sont pas du même ordre. »

Là, il travaillait à des poèmes, à de « petites peintures » et à ce livre de souvenirs que nous verrons peut-être, un jour, en librairie.

Il vivait modestement dans sa petite chambre « tapissée de livres » partagé entre son œuvre et la prière obstinée. Mais les gens, avec leur naïveté et leurs petites intrigues, l'intéressaient toujours au plus haut point, et il s'en amusait ensuite avec ses amis.

« Ici, je travaille toujours à ce livre de souvenirs – m'écrivait-il, ailleurs – mais j'aime à me trouver dans cette vie ville intestinale. J'entends parler du percepteur, de la cuisinière etc.

Il y a des cantines pour enfants pauvres. Le fabricant n'en finit pas de fournir le fourneau. Les enfants accostent l'institutrice dans la rue pour savoir quand le fourneau sera prêt...

Les dames de la ville se dévouent pour surveiller les enfants... mais impossible d'en trouver (des dames dévouées !) de midi à deux heures, car c'est l'heure de leur repas à elles. L'institutrice ferme donc la cantine à cette heure là et les enfants rôdent dans la rue et le froid en proie aux accidents d'autos. On demande à l'institutrice de laisser les enfants entrer à cette heure là, sans surveillance. C'est impossible ! Pourquoi ? Quand on laisse les enfants sans surveillance il leur arrive les accidents les plus étranges, l'un avale une épingle, l'autre se fourre un haricot dans le nez, l'autre un crayon dans l'oreille. De là des histoires... Les parents font des procès aux instituteurs qui doivent payer des indemnités souvent très fortes. Les instituteurs ont fondé pour eux-mêmes une caisse de secours qui paie les indemnités à leur place.

J'aime mieux entendre parler de ça que du dernier livre de « X ».

C'est à cette curiosité qu'il doit d'ailleurs la plus grande partie de son œuvre. Ses portraits de « Cinématoma » et ses lettres publiques dans le « Cabinet Noir », pages d'observation où l'ironie et la tendresse se disputent chaque ligne, n'ont-ils pas la valeur d'un document ?

Jean Cocteau disait : « Nous devons tous quelque chose à Max Jacob ». Celà n'empêcha pas que l'on fut très injuste pour son œuvre. On alla jusqu'à nier son influence pourtant indéniable. Aussi Max Jacob n'appartint à aucun groupe, à aucune école. Avec son ami Guillaume Apollinaire qu'il admira et aima toute sa vie, il figure en première page du livre d'or des poètes modernes.

« Trois hommes ont contribué, plus que personne sans doute, à donner à la poésie des années de guerre et d'après-guerre son orientation : Guillaume Apollinaire, Max Jacob, André Salmon », écrivait Marcel Raymond dans son très bel essai sur le mouvement poétique contemporain : *De Baudelaire au Surréalisme.*

Max Jacob continua à accueillir les « jeunes ». Il fut pour tous un excellent conseiller.

« Nous vivons une époque grave. Le poète est celui qui saura lui parler son langage » m'écrivait-il.

*C'est en cherchant à se fuir, qu'il se trouva :*
*« Je pense pour qu'il y ait sur ce fauteuil quelqu'un.*
*Regarde toi dans cette glace qui déforme.*
*Va chez le photographe qu'il te donne une forme.*
*Fais ta toilette en chic, prête toi des surnoms.*
*Un arbre est une colonne où s'attache un cheval.*
*Tu es plus qu'un arbre, colombier des douleurs*
*et tu n'es pas un cercueil puisque tu es inégal*
*et qu'il trouva Dieu :*

« Je suis revenu de la Bibliothèque Nationale ; j'ai déposé ma serviette ; j'ai cherché mes pantoufles et quand j'ai relevé la tête, il y avait quelqu'un sur le mur... »

Usé, malade (« Les chagrins que j'ai eus ne me sont qu'habitude » m'écrivait-il alors) Max Jacob est mort à Paris qu'il n'aimait plus après y avoir vécu les « quinze années les plus importantes de ma vie », «Paris, le seul endroit du monde où l'on soit mal, entouré de canailles de tous genres. » (Une de ses dernières lettres).

« Si je suis trop lourd pour aller vers Dieu, brancardiers portez moi. Et si vous n'avez pas de civières, faites en une de mes souffrances tressées. »

«Max Jacob est tout esprit, toute malice, toute tendresse. C'est un des visages les plus attachants du Montmartre de ce temps-là et à lui seul, il suffirait à prouver que l'esprit de Montparnasse est né à Montmartre. » Ainsi le décrit Warnod.

Max Jacob est tout dévouement, toute humilité et toute amitié. Ainsi il vivra dans le cœur de ses amis.

Le ciel a repris Max Jacob.
La terre conserve son œuvre.

EDMOND JABÈS

## Jacob, mon ange

*Le ciel a repris Max Jacob.*
*La terre conserve son œuvre.*

Ainsi se termine l'« hommage à Max Jacob » d'Edmond Jabès de mai 1944, le deuxième de plusieurs écrits élégiaques au poète mort à Drancy quelques mois plus tôt, en mars. Vers douloureux qui font écho à ceux de Max Jacob, « Vous m'avez fait pour le ciel et je me donne la terre », l'hommage peint en couleurs bien sobres la sympathie et la fraternité qu'Edmond Jabès ressentait pour son ami. Constat public, il a d'abord été destiné au lectorat de la *Semaine égyptienne*[1], revue politique culturelle éditée au Caire à laquelle, depuis 1932, Jabès avait contribué avec ses poèmes et chez qui, dans la maison d'édition du même nom, il avait sorti trois livres de poésie et de critique dont *Les pieds en l'air* de 1934, recueil de poèmes qui s'ouvre sur une lettre-préface de Max Jacob lui-même[2]. En 1945 Jabès prononce, dans sa ville natale en février puis à Alexandrie en mai, un autre hommage au Groupement des Amitiés françaises[3]. Plusieurs hommages, donc, écrits ou répétés devant une audience. Et avec juste raison. Car depuis sa mémorable rencontre avec Max Jacob, à Paris en juin 1935 – lorsque, devant lui et à sa stupéfaction, Max Jacob a déchiré son manuscrit confié à lui peu avant[4] – Edmond Jabès a

1. « Hommage à Max Jacob », *La Semaine égyptienne*, n$^{os}$ 15-16, mai 1944, p. 5. Un premier hommage à Max Jacob, « la poésie française en deuil », a été publié dans *La Marseillaise*, n$^{o}$ 84, 23 avril 1944, p. 3. Journal de la Résistance, *La Marseillaise* a été simultanément éditée, à partir d'août 1942, au Caire et à Londres.

2. Datée du 4 décembre 1933, elle est sa première lettre adressée à Jabès. Voir Max Jacob, *Lettres à Edmond Jabès*, Alexandrie, Éditions du Scarabée, 1945, coll. « valeurs », p. 11.

3. Voir *Le Progrès égyptien* du 24 février 1945, p. 3 et *Le Journal d'Égypte* du 5 mais 1945.

4. L'anecdote est racontée dans *Du Désert au Livre : entretien avec Marcel Cohen*, deuxième édition, Paris, Belfond, 1991, p. 29.

été son lecteur le plus dévoué en Égypte, donnant des conférences sur lui[5], et publiant des comptes rendus sur ses poèmes, dont un de 1938 sur ses *Morceaux choisis*[6].

Il n'est pas clair que Jabès, lors de la rédaction de son hommage de mai 1944, ait su les circonstances de la mort de Max Jacob dans le camp d'internement de Drancy. Il n'en fait aucune mention ; Paris est plutôt donné comme lieu du décès. Dans la préface aux lettres que le poète breton lui a envoyées entre décembre 1933 et mai 1939, publié par Étiemble à Alexandrie en 1945, il note : « le dernier message que je lui avais adressé par l'intermédiaire du Vatican me revint avec au dos la mention : « décédé »[7]. Ce dernier message, daté de février 1944, ne reçoit, comme réponse, qu'un mot froid et terrible significatif dans la mesure où il clôt, définitivement, la jeunesse d'Edmond Jabès.

> *Ce qui demeure est le futur*
> *Non le présent qui désole.*[8]

Cette réponse représente la ligne de démarcation entre ses écrits de jeunesse et ceux de sa maturité. Ce qui précède l'hommage de 1944, alors, a été composé dans une période où, s'est-il rappelé en 1988, il obéissait « à des voix étrangères » et où il était « à l'écoute » de sa propre voix[9].

Néanmoins, c'est la mémoire de ces années formatrices, cet âge

5. Dans une lettre non datée de la fin de 1935, Max Jacob remercie Jabès pour sa conférence. Voir Max Jacob, *Lettres à Edmond Jabès*, *op. cit.*, p. 25. Aussi, dans sa lettre inédite de janvier 1936 conservée dans la Bibliothèque littéraire Jacques Doucet [BRT.C. 943], Georges Henein dit à André Breton que Jabès allait parler prochainement sur Max Jacob.

6. Voir *La Semaine égyptienne*, n$^{os}$ 3-4, 31 janvier 1938, p. 28.

7. *Lettres à Edmond Jabès*, *op. cit.*, p. 10.

8. « L'homme du secret », dans *Le Livre des Marges*, Montpellier, Fata Morgana/« le livre de poche », 1987, p. 159.

9. « Max Jacob », dans Max Jacob, *Lettres à Edmond Jabès*, deuxième édition, Milan, All'insegna de Pescoe d'Oro, 1989, p. 19.

« avec de grandes marges »[10] a-t-il dit dans *Le Livre des Questions*, qui fascinent parce que certains écrits de la période parisienne s'y enracinent. Ainsi : « ne m'appelez pas maître, ce mot ne me fait que sentir mon indignité, ma faiblesse et mon ignorance ; appelez-moi "ami" ou "Max Jacob" », lui a alors écrit Max Jacob le 13 mai 1935[11] et à quoi, semble-t-il, Jabès a répondu, obstinément, presque trente ans plus tard, encore dans *Le Livre des Questions* : « Reb Jacob, qui fut mon premier maître [...]»[12]. Son premier maître et, d'ailleurs, celui de la plus longue durée, parce qu'aux hommages qui datent du courant de la première année de la disparition du poète, Edmond Jabès a ajouté deux autres, « L'homme du secret »[13] et une nouvelle préface à la réédition des lettres de Max Jacob[14]. De plus, il faut insérer ses dédicaces à Max Jacob, en commençant par celle des *Chansons pour le repas de l'ogre* dans l'édition de *Je bâtis ma demeure* de 1959 : « À la mémoire de Max Jacob »[15] – une dédicace dont la force est d'autant plus cumulative, puisqu'en 1975, il a joint quelques mots à celle de la réédition de son recueil de vers égyptiens

> *... parce qu'il y a peut-être une*
> *chanson liée à l'enfance qui, aux*
> *heures les plus sanglantes, toute*
> *seule défit le malheur et la mort.*[16]

10. *Le Livre des Questions*, Paris, Gallimard, 1963, p. 171.

11. *Lettres à Edmond Jabès* (1ère édition), *op. cit.*, p. 13.

12. *Le Livre des Questions*, *op. cit.*, p. 92.

13. *In memoriam Max Jacob, 1944 : c'était il y a trente ans*, préambule de Jean Denoël, Paris, Les Amis de Max Jacob, 1974, p.42-44. Ce texte a été republié dans *Le Livre des Marges*, *op. cit.*, p. 158-162.

14. *Lettres à Edmond Jabès* (2e édition), *op. cit.*, p. 17-20.

15. *Je bâtis ma demeure, poèmes 1943-1957*, préface de Gabriel Bounoure. Paris, Gallimard, 1959, p. 33.

16. *Je bâtis ma demeure, poèmes 1943-1957*, préface de Gabriel Bounoure et postface de Joseph Guglielmi, nouvelle édition, Paris, Gallimard, 1975, p. 29.

Avec le souvenir gardé fidèlement dans son esprit de ce juif qui, en septembre 1909, après « une journée paisible travail à la Bibliothèque nationale, rue Richelieu à Paris »[17], en rentrant chez lui, a vu sur le mur de sa chambre l'Hôte, Edmond Jabès restait en compagnie des anges. Quoique Max Jacob se soit adonné au pêché de la chair, étendant le bras (mais avec quelle peur et avec quelle horreur ?) pour saisir le fruit de la damnation – n'a-t-il pas crié dans « le Christ à Montparnasse » ? :

*Mon Dieu ! l'affaire de la pomme !*
*Max est pêcheur ! Max est un homme !*

Jabès insistait sur sa qualité angélique.

Ce qui nous amène à cette réflexion, ce serait une considération à propos du nom du personnage principal du *Livre des Questions*, Yukel Serafi. Héros à coup sûr multiple qui pourrait être compris comme le sosie fictif de son auteur, on peut, en outre, remarquer que son nom de famille se dérive de *saraph*, en hébreu l'ange « gardien » qui prend la forme d'un griffon ou d'un serpent qui brûle – *saraph* comme verbe veut aussi dire « brûler ». Le nom pourrait aussi se traduire, tenant compte du suffixe [i] qui dénote en français un adjectif possessif à la première personne du singulier, comme « mon séraphin » ou bien « mon ange qui brûle ».

Mais d'où vient son prénom peu usuel en hébreu comme en français ? Les manuscrits du *Livre des Questions*, que Jabès a légué à la B.N.F. en 1990, nous suggèrent une réponse. Parmi ceux les plus originaux de ce livre, c'est-à-dire parmi les pages qui datent du tout début des années soixante, se trouvent treize feuillets dactylographiés, intitulés « la solitude est sans chemin », comprenant beaucoup de surcharges et d'ajouts autographes, qui donnent une version primitive du livre[18]. Le personnage de Yukel Serafi existe, mais il n'est pas ainsi

17. « Récit de la conversion », dans Max Jacob, *La Défense de Tartuffe, extases, remords, visions, prières, poèmes et méditation d'un juif converti*, édition commentée et annotée par André Blanchet, Paris, Gallimard, 1964, p. 290.

18. Bibliothèque Nationale de France, département des manuscrits, Edmond Jabès don 90-07, carton n°1.

nommé ; il s'appelle plutôt Jacques, souffle de Jacob en français ou de *Ya'akov* en hébreu. Or, s'il n'y a aucune indication précise qu'Edmond Jabès ait transformé intentionnellement Jacques en Yukel par l'intermédiaire de Jacob, de Max Jacob peut-être, la lutte qu'il a menée avec les vocables en atteste fortement la possibilité.

Max Jacob, donc ; poète Serafique comme Yukel serafi dont Edmond Jabès a écrit :

> *Quand l'étoile jaune scintillait au ciel des maudits, il portait le ciel sur sa poitrine. – Le ciel de sa jeunesse au dard de guêpe et le ciel au brassard de deuil*[19].

**STEVEN JARON**

[19]. *Le Livre des Questions*, *op. cit.*, p. 171.

Paris, le 16 avril 1992

Cher Edmond,

Au-delà du temps, au-delà de la douleur que fut pour moi cette date du 2 janvier qui devait refermer le livre de votre vie et ouvrir votre œuvre à la diversité universelle de vos lecteurs et de ceux qui viendront découvrir, au hasard d'une page et des rencontres avec *Le Livre des Questions*, la profusion de ses parcours, la richesse inestimable de ses entrelacs et de ses motifs tracés dans le sillon des blessures de l'histoire et de la souffrance de l'exil, au carrefour des civilisations qui fondent encore notre culture, entre douleur et promesse d'un monde engendré dans les signes et par le rêve des hommes – au-delà de votre absence aujourd'hui, il reste, comme l'écrivait Valéry dans son liminaire à *L'Introduction à la méthode de Léonard de Vinci* en 1894, « il reste d'un homme ce que donnent à songer son nom, et les œuvres qui font de ce nom un signe d'admiration, de haine ou d'indifférence. »

J'aime à me souvenir de nos rencontres au 7 de la rue de l'Epée-de-Bois, ou plus tard sous les paulownias de la place des Patriarches – et cette vision fragile et forte que je garde de vous, au carrefour de la rue Mouffetard et de la rue de l'Arbalète, chargé d'un sac de provisions que vous portiez allégrement sur l'épaule, le regard songeur, légèrement éclairé de la douce mélancolie d'un bleu tout méditerranéen, le sourire accueillant, vous avez alors incarné, avec bonheur, le mythe de l'homme étranger dans sa ville, présent au monde – et que votre livre *Un étranger avec, sous le bras, un livre de petit format*, a si puissamment dessiné et réactualisé, figure transhistorique du vagabond et du passant qui m'évoquait le poème d'Ungaretti dont vous partagiez les sources et les parcours, le mélancolique vagabond de *Vie d'un homme* qui traversait en mai 1918 le camp de Mailly.

*En aucune / partie / du monde / Je ne peux / m'établir.*

En ce jour anniversaire de votre naissance, cher Edmond, qui est aussi cette année, dans notre tradition, veille du Seder, jour commémoratif de l'Exode et de la sortie de l'Égypte et de l'antique esclavage, où les juifs de toutes les traditions reprendront le récit de la traversée du désert, je voudrais vous dire mon affection et ma reconnaissance.

*As-tu vu se faire et se défaire un royaume ?*
*As-tu vu se faire et se défaire Le Livre ?*

écriviez-vous dans *Le Livre des Questions.*

Auprès de vous, et j'ai le sentiment si vif, en cet instant, simplement à l'évoquer de le retrouver pleinement, j'ai éprouvé le bonheur de la parole liée à « l'exigence de l'écriture » – cette parole irrépressible et inassouvie qui fut la vôtre.

Liée à la fable, comme à celle des conteurs de l'Orient dont vous aimiez ressusciter la fascinante et mystérieuse virtuosité, l'humble magie, elle reste pour moi une immense mémoire nourrie aux traditions poétiques les plus ésotériques et les plus innocentes, marquée de cet humour dont on a fait l'apanage des juifs et de tous les persécutés qui y trouvent parade et de cette sobre élégance du savoir de l'instant et de la fugacité des mots enracinés dans l'expérience humaine et poétique qui traverse de ses sondes, les temps archaïques de l'éternité. Elle demeure source vivifiante, par cette chaleureuse générosité qui vous caractérisait, distance aussi faite de gravité et de légère ironie, car vous saviez saisir et mesurer l'acuité des événements, tout en vous imposant, radicalement, de vous déprendre du cours des choses, avec cette sorte de confiance inébranlable dans la puissance originelle des mots et de la force active des livres qui avait conduit les hommes hors des cataclysmes de l'Histoire, distance et lucidité qui vous unissent fraternellement au pessimisme joyeux de Walter Benjamin et des œuvres majeures de notre siècle.

Avec vous, s'est ouverte pour moi cette « communauté des livres » dont parle Maurice Blanchot dans *La Communauté inavouable*, « communauté de ceux qui n'ont pas de communauté » et qui radicalement rejetteront toujours l'alliance avec la sauvage obscénité du monde.

J'ai eu ces derniers jours l'immense bonheur de lire votre *Dante* paru, récemment, aux éditions Fata Morgana, et je voulais vous dire simplement aujourd'hui, qu'à travers cette courte plaquette s'est à nouveau déployé *Le Livre des Questions* et l'ensemble de votre œuvre qui trouve là, me semble-t-il, le point focal et le miroir concentrique à partir duquel j'aimerais vous lire à nouveau.

Mais pour le moment, je dois vous quitter Edmond.

À vous de tout cœur,

ÉDITH

*Lettre à Edmond Jabès, pour ce 16 avril 1992, fête-anniversaire de ses 80 ans*

Mon cher Edmond,

« Je suis responsable du ciel dans lequel mes mots évoluent », disiez-vous dans *Le Livre des Questions* (p. 133). Ce ciel, c'est l'écriture même, résultat d'un travail sur la langue, le français en l'occurrence, et acquis de cette langue elle-même. Vous vous êtes créé, cher Edmond, une patrie autre. L'exceptionnel en a convenu ainsi, hissant désormais vos textes à une place hors-position. Aux lecteurs de ré-apprendre à se laisser éclairer dans le silence d'un dévoilement qui n'a de cesse... Sous condition expresse de cibler les bons azimuts et d'ajuster leur périhélies, afin que la parole se fasse dans les mots lus.

« Car nous sommes condamnés à ne parler que pour nous-mêmes », ajoutiez-vous (p. 185). Savoir discret qui s'objective dans les micro-condensations ou dans les trouées produites par l'écriture dans son parcours intertextuel, dans le risque encouru d'une lecture ouverte. Incarnation ouvragée à l'abri du bruit et de la fureur, à l'ombre des cérémonies ou des éclats du succès ; afin que ce taraudage charnel que l'écriture exige, permette, dans l'humilité, de rejoindre le silence. « Le livre est seul devant l'inconnu et l'écrivain seul dans la solitude du livre », répétiez-vous dans *Elya* (p. 58). L'éveil se poursuit, dans une réception non inerte en nous, lecteurs, sollicités, dans une pénombre propice, pour la ré-élaboration de la chair du livre, dans les plis intimes du renouvellement vivant de l'effacement de notre propre texte...

Sorte d'enfance retrouvée dans l'étonnement, plus que dans l'innocence ; encouragement secret et pudique qui se ressource aux murmures mêmes des vocables, à ce point critique où le renvoi s'origine dans l'enfance « fusionnelle » avec vos écrits... Car « l'enfant est le maître des chemins » (p. 44) annonciez-vous dans ce maître-livre qui fut le premier *Livre des Questions*.

Adolfo

## Mouchoir

« Quelqu'un a-t-il cessé d'être quelqu'un ? » demande ingénument E.H.

Pour lui faire signe de loin, tisser un mouchoir de percale blanc.

Je revois mon grand-père s'habillant tôt le matin, son dernier geste était de choisir dans l'armoire un mouchoir qu'il parfumait d'eau de Cologne. Le souvenir est le fil de la phrase. Petit tissu de souvenirs et de mots, parfumé. Prendre un mouchoir dans l'armoire, un livre sur un rayon. *Le Livre de l'Hospitalité.* Un livre a-t-il cessé d'être un livre ? « Je ne me souviens de rien, dit E.J. au nomade, donc je n'existe pas. » E.H. ouvre la porte et dit : « Ces énoncés ne disent pas je me souviens. » *L'Hospitalité*, le seul de ses livres sur mon rayon qui soit sans dédicace. Il s'absente d'où il nous reçoit. Il cède la place comme pour mieux nous recevoir.

Sur le quai où nous sommes restés, l'effluve qui s'échappe d'un mouchoir qu'on agite.

JEAN FRÉMON

## Quatre récits

I

À l'instar du poète américain Keith Waldrop, un écrivain se demande qui aurait assez d'imagination pour dresser, fût-ce en un an, la liste des événements survenus dans le monde pendant tout le temps où il hésitait entre deux états d'une phrase, au demeurant fort banale, et qui le laissent d'ailleurs aussi insatisfait l'un que l'autre.

II

Un homme se dresse dans son lit, un matin, rejette avec violence drap et couverture, écarquille les yeux, se cale contre l'oreiller tout en restant écrasé par le cauchemar dont il vient de s'extraire. Dans son rêve, le drap qu'il a repoussé, il le tirait au contraire sur sa tête en poussant un cri. Cette image est d'une netteté absolue puisque c'est au moment où il criait qu'il s'était réveillé. Cependant, il ne parvient pas à décider s'il a vraiment crié ou s'il se regardait hurler dans son rêve. Que venait-il de voir ? Il est tout aussi incapable de le dire. Peut-être même rêvait-il qu'il faisait un cauchemar. Est-ce possible ? Auquel cas il viendrait de se réveiller deux fois et c'est à un troisième espace, de plus en plus hypothétique et pourtant très réel, qu'il chercherait à s'arracher. L'homme, en tout cas, est assez éveillé pour comprendre que, faute d'exorciser la nuit, il ne peut pas entrer indemne dans le jour.

III

Tout en faisant les cent pas dans le vacarme du boulevard, un homme se demande ce qu'il va bien pouvoir faire de sa soirée : il a quitté le bureau trop tard pour aller au cinéma et n'a pas envie de rentrer chez lui. L'idée de passer une heure seul dans un restaurant, sans même lire un journal (les kiosques sont fermés),

les yeux perdus dans le vague, lui paraît intolérable. Pleine de documents, sa serviette est beaucoup trop lourde pour qu'il marche au hasard dans les rues. L'heure, enfin, est passée de s'inviter à dîner à l'improviste chez un ami.
L'homme tente de se persuader que sa journée a été rude, qu'il est fatigué, que son indécision est légitime. Certes, il conserve assez de ressources pour apprécier tout le ridicule de sa situation, non pour en rire, car il sait que ses tergiversations sont aussi le symptôme d'un mal endémique plus profond et qui équivaut à étouffer sous son propre poids dès qu'il n'est plus tiré très loin de lui-même.
Cependant, il lui faudra prendre une décision. C'est même dans cette seule certitude qu'il trouve un peu de repos : comme un homme tombé à terre qui choisirait de rester étalé là un temps, à seule fin de reprendre des forces.

## IV

Sur la piste, c'était l'ultime village avant le grand désert de sel. Un petit mur de pierres protégeait les maisons de boue séchée. Les jours de vent, des cailloux de la grosseur du poing venaient s'échouer là avec des débris de ronciers. Longtemps après la tempête, le sable gouttait encore des toits faits de bâches, de toiles cirées et de cartons goudronnés cloués à même les poutres. Nuit et jour, il fallait défendre les nourritures contre les chiens errants forçant les portes découpées dans le fer-blanc des bidons d'huile. Passé les dernières habitations, les vautours patientaient dans leurs fientes, lissant leurs plumes dans l'attente des détritus. Il était sage de les leur jeter du plus loin qu'on pouvait, faute de quoi ils accouraient, ailes déployées et le bec menaçant. Malgré les très jeunes enfants, qu'on entendait parfois pleurer, un silence originel semblait s'être enkysté là. Et, aussi loin que l'on remontât, sans doute ne s'était-il jamais rien passé ici. C'est peut-être pourquoi, sans espérer, personne ne semblait désespérer non plus.

MARCEL COHEN

## Comme la photographie

À Salamandre fille de feu,
À celle qui bloque le passage.

Derrière la grille qui s'efface encore, j'ai marché le long des pages pelucheuses, la respiration déroulant du fil, mince comme le nombre.
Est-ce une faute d'orthographe ? J'ai déchiré le papier. À chaque quartier il y a une chute du jour.

*Ishmaël, souviens-toi de la nuit rouge de novembre*
*où je t'ai rédigé.*
*Transmets ma cendre.*

C'était une journée de l'hiver. Il ne restait que sept ans jusqu'à la fin du siècle. La voix des écoliers à venir se faisait l'écho dans le mur de pierres. Nous nous sommes séparés. Les filles coréennes chantèrent répétant le salut. Le titre a été déjà copié vivant en papier. La suite de la mémoire fut confiée aux musiciens.

*En ralentissant la marche dans la cité fantôme.*

KAZUNARI SUZUMURA

## L'image imprévisible

Double d'une réalité déjà-là ou simulacre d'une réalité qui n'a pour toute présence que son éphémère apparition, ce que l'image soumet aux regards, la poésie, l'écriture n'a-t-elle pas pour charge de le détruire, de le défigurer pour en révéler l'inouï ? Mais suffit-il qu'il n'y ait rien à voir pour que l'on en ait fini avec les images ? Et suffit-il que quelque chose se donne à voir pour que l'on puisse parler d'image ? Si c'est dans l'inter-dit de l'image qu'œuvre la poésie, retrouvant, parfois à son insu, l'antique sagesse d'Israël, son œuvrer sans cesse en proie aux prestiges d'éblouissements qui arrêtent la parole, pourrait être dit de défection. Écrire reviendrait à entreprendre un mouvement de désensorcellement qui, captant les énergies qui nous poussent à nous prendre aux pièges du visible, nous introduit dans l'aventureuse quête infinie d'un im-prévisible.

De Platon à Husserl, au moins, la philosophie nous a appris que savoir c'est voir. Le cercle tracé que j'ai sous les yeux renvoie à l'idée de cercle, échappant aux aléas du temps et se donnant à la partie divine de l'âme qui peut la contempler telle qu'elle est. L'image indique tout à la fois ce à quoi elle renvoie et qu'elle n'est pas la chose même qu'elle ne fait que figurer : le réel n'est pas ce que je vois et ce que je vois renvoie au réel. Double moment qui fait que l'image, simultanément, pour être image, doit différer, ne pas être identique à son modèle et d'autre part être quasi identique à ce qu'elle imite. Ce double moment n'en fera qu'un dans la parfaite contemplation, dans l'évidence où la connaissance célèbre sa plénitude. Interruption de ce jeu de la dissimulation et de la similitude dans l'identité figée du concept transfiguré en idole. Mauvaise image à l'œuvre dans une pensée oublieuse du commandement qui « nous met en garde contre l'idolâtrie de la pensée qui n'est que fièvre d'images dont la conscience est secouée »[1]. Image à la mesure de notre conscience à laquelle nous

[1] *Le Livre des Ressemblances.*

tenons et que nous monnayons dans le commerce sans fin des échanges d'idées, qui ne changent rien à « la pensée dans laquelle les images s'opposent et s'entre-déchirent ». « Fatale représentation ! comme si, cherchant à être – à me montrer – je ne livrais à la vue que le néant ». L'image en ce qu'elle vise, ne peut que manquer le fond invisible sur lequel elle se détache. Pour être elle-même, occuper tout le regard, le subjuguer, l'obséder, elle doit faire oublier, recouvrir, réduire à rien, à un spectacle ce qu'elle prétend avoir en vue. L'image voudrait arrêter « la profondeur inépuisable » (Merleau-Ponty) du visible, la mettre en perspective en lui imposant les lois d'un point de vue et par là la figer en une surface étalée – vitrine ou devanture – où rien n'advient qui ne soit déjà advenu. L'image fait oublier que c'est moi qui l'ait constituée dans ma visée ; se substituant au monde, elle occupe la place du sujet lui donnant ainsi l'illusion qu'il n'est pas source de ce qu'il voit. L'image fonctionne alors comme écran : elle cache le monde et cache le sujet à lui-même. À cette image écran il serait possible d'opposer une conception non idolâtrique, telle que, par exemple, Jean-Luc Marion la thématise dans *L'Idole et la Distance* ou dans *Dieu sans l'être* : « Tandis que l'idole résulte du regard qui la vise, l'icône convoque la vue en laissant le visible peu à peu se saturer d'invisible »[2]. Image poreuse qui ne cesse de venir à la rencontre, pénètre la vue non pour la pétrifier mais pour l'appeler à comparaître face à ce qui n'apparaît pas. Cet inapparent « inenvisageable » (Marion), ne se rend visible qu'en suscitant l'appel d'une instance précaire tout entière transfigurée ou mobilisée par l'invisible. Image opacifiée par l'invisible qu'elle laisse transparaître : « mince cerne sur l'obscur néant »[3]. L'invisible vient trouver refuge transitoire dans le contour en voie d'éclatement de formes travaillées par l'autre du visible. Ce que donne à voir l'image par-delà ce qui est platement visible c'est la profondeur sans fond d'un invisible contre laquelle elle bute et qui excède ses pouvoirs. Excès

[2] Jean-Luc Marion : *Dieu sans l'être.*

[3] Maurice Blanchot : *L'Espace littéraire.*

de l'invisible sur le visible ! Ce qui est à voir est chiffre sans fin à décrypter d'un invisible qui n'est pas tant derrière lui comme le voudrait une représentation nécessairement naïve parce que représentation mais en excès sur lui. L'image pensée ainsi ne serait plus à concevoir comme signe, comme simple renvoi, mais comme convocation, appel, trace laissée d'un quelque chose inconnu, imprévisible. Comme le rappelle *Le Petit Livre de la subversion hors de soupçon* : « Il ne faut pas croire que l'absence soit dépourvue d'images. Sans elles, nous ne pourrions concevoir l'absence. Images d'images refoulées par l'omnipotente présence et qui, ô ironie, la propagent »[4]. L'accès à l'absence passe par la présence, mais pour que la présence ne vienne pas interdire l'accès à ce qu'elle récuse, il faut qu'elle s'accuse, se destitue de ses pouvoirs enchanteurs, se chiffre en énigme dont aucun mot ne pourra venir à bout. « Ressemblance d'une image absente avec une absence d'image »[5]. «Ressemblance du Rien avec le Rien » (*id.*).

Cette destitution de l'image n'est pas un thème de l'œuvre, elle est bien plutôt sa matière ou mieux encore le « comment » de son avancée. À en croire Max Loreau commentant M. Deguy ce travail sur et contre l'image serait l'essence de la poésie lorsqu'elle lutte contre l'image que l'on présente d'elle : « L'abolition de l'image de la poésie est la condition de la poésie (...) l'interrogation sur l'image au sein même de la poésie est ce qui conduit à rompre avec elle. Le poème est la découverte de la nécessité pour le poète d'aveugler l'image de la poésie.[6] » Éteindre tout ce que les mots offrent encore aux regards, effacer tout ce qu'ils pourraient suggérer de visible ou de trop voyant – tel est le pari. Si « écrire ce n'est pas voir », lire ne consiste pas à laisser apparaître ni « à se faire une idée » de ce qui est écrit mais à épouser ce mouvement d'éloignement au sein du visible. « Ce qui est à lire reste toujours à lire.[7] » Si tant est que

[4] *Le Petit Livre de la subversion hors de soupçon.*

[5] *Le Livre des Ressemblances.*

[6] Max Loreau : *Michel Deguy, la Poursuite de la poésie tout entière.*

[7] *Le Livre des Ressemblances.*

l'écriture aille vers un impossible effacement, la lecture est entraînée dans un mouvement sans fin d'érosion, de disparition. Rencontre de deux silences (celui de l'écriture, celui de la lecture) dans laquelle se trame l'intrigue d'une proximité soucieuse de préserver la part de secret qui la constitue. « La distance, le silence nous permettent de nous voir, où nous ne somme plus nous.[8] » L'éclatement de la voix narrative, pulvérisée en une multiplicité de voix anonymes, entraîne celui du lecteur assuré de son regard critique. Brisure du livre spéculaire où le lecteur pouvait se reconnaître, s'identifier et conforter ses prétentions ! « On ne peut lire que les plis laissés derrière elle par une parole qui a fait naufrage et dont, petit à petit, l'eau calmée se défait.[9] » Lire devient épreuve, expérience de l'effacement proche de la prière où se recueille pour s'abstraire le noyau dur d'une subjectivité non entamée. La réception qu'en lisant je fais de l'œuvre n'est pas d'appropriation, elle conserve sauf le frêle miracle que fut son abord. Mouvement infini de l'abord qui se creuse dans son approche même. Le livre n'est pas terre où l'on aborde, mais mouvement sans retour d'un incessant débordement. Inconfort qui ne va pas sans bonheur, celui de la rencontre d'un don inespéré, imprévisible. Celui, par exemple d'« apprendre à voir où le monde n'est plus »[10]. Vision paradoxale – qui va contre la glorieuse facilité, docilité, de ce qui est à voir sans avoir été donné. Surcroît gratuit de ce qui n'a pas droit d'être et qui vient, en surplus, à notre rencontre.

L'instance donatrice qui proprement voit et permet de voir c'est le mot qui lui-même ne peut être vu : « Audace d'un mot visionnaire au bord soudain de l'univers.[11] » Au bord, à l'orée, au lointain d'un horizon entrouvert, risqué. Le mot ne se pose que pour déjà répondre à ceux qui l'ont précédé et attendre ceux qui – imprévisibles – le suivront. Réponse à une question qui n'a peut-être pas

[8] *Id.*

[9] *Le Petit Livre de la subversion…*

[10] *Aely.*

[11] *Le Petit Livre de la subversion…*

été posée, le mot fait question pour ceux qui lui succéderont. « La tension qui habite les mots et les porte en avant est un aller à la rencontre de quelque chose. Les mots cherchent un mot qui donnera sens à leur marche, fixera leur mobilité. Le poème s'illumine pour et devant ce mot ultime. C'est une visée en direction de cette parole non dite et peut-être indicible.[12] » C'est l'allure de la démarche qui engendre dans son sillage la signification. Les mots ne se réfléchissent pas, ils réfléchissent et par là fraient la voie toujours précaire et menacée d'accéder au pouvoir (celui qu'ouvrent les voies royales ou celui auquel donnent accès les portes ouvertes) d'un inédit qui diffère la compréhension immédiate.

Le fond insoupçonnable d'où sourdent les vocables – aphasie de la voix, blanc de la page, désert – est l'espace non encore configuré en lieu qu'imperceptiblement les mots iront traverser, « à perte d'haleine ». Cette aventure, ce moment de la genèse, ce temps de la production n'est pas entièrement recouvert par la parole écrite. Le blanc entre les mots, le silence entre les vocables, les césures entre les phrases, là où le souffle s'affole ou renaît, est inséparable de ce qui vient l'interrompre. Quasi simultanéité du silence qui interrompt et de la parole qui brise : l'origine illocalisable est rupture. La décision du commencement se marque dans une interruption, s'inscrit comme lacune : « Il ne peut y avoir de lieu pour le commencement qui ne soit commencement d'un lieu infixable toujours à atteindre, à éteindre.[13] » Long détour d'une parole qui doit, au risque de se perdre, de s'égarer, aller en quête du point où elle s'origine. Traversées dont le texte est le résidu, la trace mouvante toujours à reprendre. Débat et combat du dicible avec l'indicible, du visible des mots avec l'imprévisible de la parole. Le silence s'écrit – entre les mots, il se dit à même les blancs, rythme et anime la parole (chez Jabès, toutefois, nuls effets typographiques dispersant les mots sur la page en une mise en scène par trop spectaculaire). La pratique jabésienne de l'écri-

[12] Octavio Paz : *L'Arc et la lyre.*

[13] *Le Petit Livre de la subversion…*

ture est proche ici de la pratique du commentaire biblique ou talmudique telle que la décrit David Banon dans *La Lecture infinie* : « Le blanc est comme le lieu d'une réserve de sens que le texte recèle. Il permet les ouvertures par où se faufilent les transformations. Le blanc est une incitation à l'interprétation par le non-dit qu'il suggère »[14]. Ce qui n'est pas écrit en toute visibilité sur la page n'est pas pour autant figé dans un mutisme que son invisibilité pourrait suggérer. Le silence n'est pas silencieux seulement, il bruit de toutes les rumeurs des paroles qu'il aura tues, de toutes les paroles dites par d'autres, oubliées, négligées, inentendues. « Dans le silence, tu lis ce qui, une fois, fut parole de tous.[15] » Lisibilité de l'invisible qui donne à entendre non seulement toutes les paroles qui auraient pu être dites alors mais aussi toutes celles qui n'auront pas encore été dites. Ou qui ne le seront jamais. Vouloir rejoindre cette toute parole en réserve dans le silence, n'est-ce point là l'impossible pari de l'écriture ? Le secret mobile de rejoindre une origine interdite ?

Mais jamais l'œuvre ne se refermera en totalité, toujours une parole non dite obsédera le sourd désir d'étancher la parole et de mettre un point final à ce qui s'avère n'avoir fait que commencer. Ce que les textes ont amené au jour et rendu presque évident, d'autres écrits le ramèneront à l'insignifiance du déjà dit. Travail de Pénélope qui va « du silence du voir à la non-parole de ce qui est à-venir dans le dit »[16]. Mouvement sans cesse que seules la lassitude, la maladie, la mort pourraient interrompre. Sitôt formée, configurée, ayant pris séjour en un lieu, s'étant rendue au présent, l'image doit céder sous le poids de ce qui la déracine de sa place, lui conteste droit au soleil. « L'écrivain et le peintre se séparent au premier rayon de soleil.[17] »

[14] David Banon, *La Lecture infinie*.

[15] *Aely*.

[16] Pierre Fédida et Michèle Tran van Khai : «Le lieu de l'oubli dans le poème», *Espace et Poésie*.

[17] *Le Livre des Ressemblances*.

S'il y a une éthique de l'écriture, c'est à ce niveau qu'elle doit être cherchée, non au niveau des thèmes qui, quels qu'ils soient, ont tôt fait de virer en sujets de complaisance, en objets à traiter : ordres anciens et ordres nouveaux censés les contester ont ceci en commun qu'ils conservent le même idéal de mise en ordre. Pratique an-archique, l'écriture conteste, sans droit attesté, toute volonté de séjourner auprès de l'*archè*, de l'origine. La subversion des images, leur outrage est pratique non mondaine (dans tous les sens de ce mot), ascèse, dégrisement (pour reprendre ce terme à Levinas). On pourrait aussi songer ici à ce que dit Adorno : « L'art consiste (...) à résister, par la forme et rien d'autre, contre le cours du monde »[18]. Cette forme, en l'occurrence le livre, ne se surimpose pas à la réalité, elle ne désire pas lui en remontrer, elle ne cherche pas non plus à en tisser un double plus beau ou plus sombre, elle cherche, plus modestement, dans l'ardeur et le labeur à *témoigner* à même « cette diaphane paroi qui, dans la parole sépare la part du silence à dire, de celle, qu'à peine dite, le silence récupère »[19].

Mais suffit-il d'avoir contesté les images pour en avoir fini avec elles ? Ne reviennent-elles pas, hydres aux mille têtes, hanter le lecteur ? Le désert est, paraît-il, le lieu des mirages et des tentations. Notre œil, vieille habitude, retrouve malgré lui des formes identifiables sous les traits les plus abstraits de toute volonté figurative. Et tout lecteur de Jabès n'est-il pas tenté de transformer le livre qu'il vient lire en un miroir (du monde, de lui-même, de ses options ou croyances) ? Ne court-il pas le risque, du fait que sa démarche est rétrospective, (lisant, nous ramenons ce qui fut écrit dans la discontinuité à la continuité de notre compréhension), de transformer en réponse ce qui est question, voire de faire de la question une certitude, une assurance ? L'exigence de l'œuvre, sa tension, son attention à ne pas céder aux attraits et aux sollicitations des images, au tout fait de ce qui a déjà été fait, doit imposer au lecteur un surcroît de vigilance. Sans cesse il doit

[18] Adorno : *Notes sur la littérature.*

[19] *L'Ineffaçable l'Inaperçu.*

opérer ce que Lévinas appelle « la réduction du Dit au Dire ». Sans cesse il doit s'efforcer à déthématiser ce qui a tôt fait de s'assoupir dans la paix du concept ou le bonheur de l'image. Sans cesse il doit oublier ce qu'il vient de lire pour pouvoir s'ouvrir à l'imprévu de ce qu'il n'a pas encore lu. L'oreille ne doit cependant pas prendre la place laissée vacante par la vue abolie. Pas de concert ou de symphonie des voix ou des vocables chez Jabès et par-delà le bonheur des euphonies ou des effets de signifiants c'est encore à une même destruction des fausses conciliations que nous sommes, avec douceur, mais non sans fermeté, invités. Si « l'écrivain n'est pas la mesure de l'écrit » – comme le dit Adorno – le lecteur de son œuvre ne peut être maître et possesseur de ce qu'il a lu, retenu, compris. Il en est tout au plus le témoin. Et à ce titre, il ne doit pas seulement témoigner de ce qu'il a compris, mais témoigner de ce qui, incompréhensible, lui a permis de se déchiffrer lui-même (nous retrouvons ainsi la différence de l'idole qui résulte de la vue qui la vise à l'icône comme convocation au sein du visible d'un invisable).

Ces remarques auraient pu être remplacées par ces lignes de Jabès dont elles n'auront été, après coup, qu'un laborieux commentaire :

> *Je ne vois plus rien. Je ne vois plus rien. Tel est, au terme imprévisible de sa quête dans le livre, l'épouvantable cri poussé par l'écrivain*[20].

FRANCIS WYBRANDS

[20] *El, ou le dernier livre.*

*Avertissement : ceci est un texte de fiction écrit par Daniel Lançon*

## Le manuscrit de Kasr-el-Doubara

Très cher Eddy,

*5 avril 1938*

Le Khamsin a soufflé tout le matin. La poussière est sur nous. Personne n'est arrivé de Méadi. Depuis que Paul [Jorland] est parti – comme toi, mais lui c'est définitif – je me confie à mes feuilles, chronique promise, n'est-ce pas...

Tu me demandes de te parler de la ville, dis-tu, la ville... J'en ai un peu assez de la Rue de Rivoli. J'ai vu Albert, il s'occupe de ton coton. De *La Bourse* à *La Semaine*, il n'y a que quelques immeubles dans Kasr el-Nil. Nous sommes un peu trop entre nous.

Vive la bigarrure ! – Les pas de Rimbaud à la Société de Géographie quand je vais au bureau. « Par force, je devrai m'en retourner du côté du Soudan, de l'Abyssinie ou de l'Arabie. »

Je t'écris devant feu les deux vieux palais du Khédive, les mêmes, Dou Bara, comme nous. On parle de plus en plus de raser celui de la Khédiva-Mère récemment décédée. Lotissements, maisons de rapport, c'en est fini de la province ombreuse de nos enfances.Ton père devra décrocher le grand plan du salon. Je rassemble de la documentation pour une chronique que nous allons signer à *La Bourse*, en alternance, Moscatelli et moi. Je plonge dans la mélancolie en lisant les voyages, *La Dernière Égypte* de Lepic. Nous passerons des soirées, je te le promets, à rire et à pleurer en relisant ces pages.

Sais-tu ce qu'écrivait un certain Émile Delmas en 1895 dans *Égypte et Palestine* : « La foule joyeuse du Caire circule et s'écoule dans de superbes avenues, plantées de mimosas énormes, de frênes, d'acacias, bordées de maisons élégantes, de villas à l'italienne ; les jardins sont remplis de palmiers de toutes les espèces, de ficus gigantesques, de bananiers cossus, de cactus ; toute la flore tropicale est là. » S'il revenait… et Charles Didier des *Nuits du Caire* ou Carle des Perrières d'*Un Parisien au Caire.*

Je rêve de septembre à l'Ezbékieh, quand la crue du Nil arrivait à son maximum, place inondée. Des barques illuminées, la nuit, sur ce vaste bassin et remplies de promeneurs venus respirer la fraîcheur du soir. Aujourd'hui, la place est absolument haussmannisée. Les rues appartiennent aux macadamiseurs, aux terrassiers… Tout est encombré par la multitude des arbaghis en maraude. La locomobile écrasera cette nuit les cailloux et troublera le repos des vieux mahométans étonnés.

*9 avril*

Trois palmiers, les trois derniers palmiers de l'ancien jardin d'Ibrahim Pacha… sous ma fenêtre. Mon père me parlait du débarcadère des bateaux à vapeur. Le Shepheard's trône ; il paraît que Rimbaud y tenait ses « affaires ».

Je pense à la rue Port-Saïd, eau du canal qui traversait la ville, lampion de la fête nationale, premier cri du terrassier rompant la digue du fleuve ; autant de lieux où l'invisible exulte. Les « familles humbles et célestes » vivent dans les décombres. C'est l'autre ville de compassion que nous aimons. Massignon parle ce soir à Dar El-Salaam, j'irai l'écouter simplement, les mots s'évanouissent devant la voix. Je te parle, mon cher Eddy.

*12 avril*

Haut du Mokattam. Je vois Sayeda Zeinab la turbulente. Le Mouski s'embrume et la synagogue Maïmonide n'est qu'un point. Je ne peux m'empêcher de penser à Mouillard dans notre ancien livre de classe. Il n'a fait qu'un bond de vingt mètres avec sa machine volante, le magnoun el francaoui, et voilà que d'autres inventent l'aviation…

Ataba el Khadra, place frontière entre deux villes, deux époques, deux civilisations. Cœurs accolés de l'Ouest et de l'Est, l'Opéra et

Ataba envoient aujourd'hui leur torrent à travers un même corps. Toute la vieille cité s'y déverse, naïve, joyeuse, gauche, avide. Les trams finissent toujours par emporter ceux d'El Kahira fatimide vers la capitale moderne. Je glisse matinalement des yeux dans la vallée des Khalifes.

Comme tu t'en souviens *La Bourse* avait mis Mouillard à la une grâce à l'ami Dardaud et on l'avait officiellement fêté le 20 septembre vu que c'était le quarantième anniversaire de sa mort. Chez Canéri (rue Mouillard !), quelle conférence, si tu avais vu : Dardaud était mirobolant. On l'a immédiatement publié dans *La Revue* de janvier. Puis Jean Zay a déposé une gerbe au pied du buste à Hélio. Le curieux génie français a eu droit à un beau discours. Sur le terrain de l'aérodrome, nous allons ériger présentement un autre buste à sa mémoire. On s'active pour la fin juin parce que le président Herriot doit passer (l'Aéro-Club lyonnais n'y est pas pour rien). Nous pourrions réunir des contributions (discours et autres) en une plaquette. Ne voudrais-tu pas donner un poème…

*14 avril*

Je viens de vivre El-Kahira à vol d'oiseau. Un dîner-dansant avait été ouvert à Almaza par Misr Airwork. À peine envolés, la terre est étrangère, semble curieuse. En dépit du clair de lune, rien ne se détache avec précision. Maisons, jardins, monuments baignent dans un halo bleuâtre qui estompe leurs contours et atténue leurs reliefs. Seules les rues sont éclairées. Réseau étendu, resserré, dessiné en labyrinthe inextricable ou dessin géométrique. Aux confins de la ville, le tracé lumineux devient moins vif, ses mailles s'élargissent, jusqu'à ne plus former, parfois, comme du côté des pyramides, qu'une mince traînée blanche s'enfonçant dans le désert.

« Moi aussi, comme les astronomes, je lis un livre de mécanique céleste. Moi aussi je me sens studieux et pur. Tout s'est éteint au monde qui eût pu me distraire », c'est Antoine de Saint-Exupéry qui parle de ses heures nocturnes peu avant son accident au-dessus du Ouadi-Natroun.

*15 avril*

Cham el Nessim aujourd'hui. Je pense à votre Pessah... symbolique des congés joints de cette année. Le dernier small dance du Shepeard's a eu lieu la semaine dernière. Déjà le *Hélouan* embarque pour les congés d'été en Europe, c'est le premier d'une longue théorie, mais je suis bien décidé à m'accrocher au Mokattam. Je pars pour l'Auberge du Lac.

...

Des caravaniers grecs de Soknapolis, Drioton nous a parlé tout un soir. Rosées du crépuscule, milliers d'oiseaux au-dessus du lac. Nous devrons reprendre nos marches quand tu seras de retour. Rien, je n'écris plus rien. Je suis au bord. Nous sommes le 16 avril, ton anniversaire, mon cher, n'est-ce pas...

*19 avril*

Fascisme d'ici : échafaudage théâtral, l'« égoïsme sacré » de l'Italie de Marinetti est écœurant. Moscatelli nous énerve avec son fascio. Il oublie la malheureuse Éthiopie. Le 18 et le 24 derniers, le sieur Marinetti a parlé à l'Ewart Memorial Hall. C'est bien bouché du côté de l'Europe... *Arrhes poétiques*, oui, nous qui sommes nel mezzo del camin de nostra vita. Je sors de la réunion de *La Ligue pacifiste* assez découragé. Venus de Méadi, les Riaz-Cavadia étaient préoccupés par les derniers événements de Palestine. Comment tenir la position sioniste si cela continue. Qu'en dit-on à Paris ?

*22 avril*

Les deux cours de Darb el-Labbana : la partie chic, de réception, avec ses plafonds décorés, notre Maison des Arts ; l'autre côté avec les ateliers, Beppi Martin, Moscatelli, Kamel El Telmissany surtout – depuis son exposition du jour de l'an dernier. Je suis néo-orientaliste maintenant comme lui, aux côtés de l'artisan potier du Saïd, du nattier de la Charkieh, du tailleur d'ivoire assiouti, du ciseleur de cuivre du Khan. Moi aussi, je voudrais atteindre la pensée de la poupée en sucre du Mouled ; oui, l'art local est notre faîte. Et dire que *L'Âme retrouvée* adaptée en français par Brin ne se vend pas ! Le pays n'est-il pas celui où l'on est né, où l'on a travaillé, aimé ?

Leprette m'a fait relire son manuscrit et m'en propose de bonnes pages pour le journal. Ce *Fils* (adoptif) *du Nil* sera un bel ouvrage (Édith Aghion lui a beaucoup montré). Il a vu le dilemme entre le qâdime et le guédid, le dedans et le dehors aujourd'hui. Zulficar a eu raison au Congrès de juillet de vilipender le grotesque à la franka. L'Égypte ne fait pas partie de l'Europe n'en déplaise à qui tu sais.

Toi au moins, tu n'es pas européen du tout (pardon pour l'Italie, mais elle ne le mérite guère en ce moment). Qui n'est pas nationaliste ici ? Le fellah devra être initié à la vie sociale par l'école et la presse. Après Montreux, il faut s'y atteler et que les teints bistrés – les levantins n'est-ce pas, j'aime ce mot – entrent au Sporting ! Ça fait plus de dix ans que Saad Zaghloul est mort et toujours pas d'indépendance. On rejoue la vassalité ottomane avec un nouveau partenaire. Les bien-pensants des colonies nous dirigent, vautrés chez Groppi. Tu me défends Montreux mais c'est incroyable ! De nouvelles Capitulations ont été votées pour protéger les étrangers jusqu'en... 1949 ! La France a voté contre nous ! Et nous voilà avec une alliance militaire anglaise !

*23 avril*

Le Père Ayrout vient de donner une conférence qui m'a mélancolisé encore et toujours. Oui, connaissons-nous ce cœur qui bat lourdement sous un ciel bleu et brûlant, sur les routes poussiéreuses des villes, dans les vastes étendues de la campagne, dans l'intimité des petits ateliers ou dans la monotonie mécanique des grandes usines ? Hautes maisons blanches et ensoleillées, clubs, villas fleuries, fêtes... à travers les persiennes, tu le sais.

*25 avril*

Mauvaise nouvelle, *Le Nil* a fermé ses portes la semaine dernière. Nous le regrettons tous, et Moscatelli comme Henein. Je ne sais plus exactement à qui proposer tes textes, tu connais assez De Laumois pour te douter de sa réponse.

Depuis que Mirbeau a loué Adès et Josipovici, Barbusse notre Finbert, il faudrait bien que ton Éluard nous soutienne. Quand se décideront-ils à venir à Alex et au Caire ? Ne sommes-nous pas les enfants qu'en son sein la France n'a pas portés ? L'unité culturelle française au-dessus des frontières que nous défendons tous, il faudrait bien qu'ils la montrent si comme l'écrit Georges Cattaui : « Paris est aujourd'hui en quelque sorte la Sion d'une foule nombreuse de fervents dispersés ». J'étais pleinement d'accord avec Finbert pour le Goncourt attribué à Plisnier. Mais Khalil Moutran vend si peu sa prose comme ses vers qu'il ne peut vivre de sa plume. Il vient même d'avouer publiquement qu'il remerciait Dieu de n'avoir pas de dettes et d'arriver à vivre…

Depuis que tu es parti, quelle saison pourtant ! le feu sacré des Lettres en Palestine, en Syrie, en Égypte, nous force à une chronique hebdomadaire. Il est bien dommage par contre que la petite guerre continue entre Blum et Zulficar, sans parler d'André de Laumois, toujours aussi redoutable avec ce pauvre Blum – qui, c'est un fait, est mauvais écrivain – mais un pas de plus et il l'accusait d'être né à Tunis de mère juive, lui qui fait tant pour l'Association et les Lettres ici ! L'officielle section égyptienne de la nouvelle Association des écrivains étrangers de langue française est très forte.

À propos, veux-tu participer au numéro spécial de *La Semaine*, sur Arsène Yergath (c'est à donner pour l'été, sur sa *Maison des images* ou en général) : il y déjà Ivo [Barbitch], Rassim, Cattaui, Leprette… Avec Stavro, on est sûr d'être entre amis sans double entregent.

Évidemment *La Revue du Caire* qui naît a le beau visage de la *Nrf*. Alors Belgique Wallonne, Suisse romande, tenez-vous droites ! Belle tribune, Stavro ne fait pas la tête, mais seule sa fierté grecque le lui interdit… Toutes les sommités sont là : Dumani, Boctor, Out-el-Kouloub, Rassim, Sékaly, notre Taha Hussein. Guillemin, Drioton, Wiet ont déjà signé des deux mains. Zulficar va diriger, tu vas le voir puisqu'il est parti au Congrès – celui de la la bonne Association, n'est-ce pas, pauvre Blum, il est bien isolé avec tout ce remue ménage.

Tu m'écris donc que Jean Desthieux a fait sa conférence sur nos poètes. C'est un bel honneur et j'insisterai comme convenu pour qu'elle soit prise à la *Revue.*

Je dois aussi rendre compte de la floraison littéraire. On parle beaucoup de Nelly [Vaucher-Zananiri] pour le Prix Edgard Poe. Apprécies-tu son *Midi sous le ciel torride* ? Et le recueil de Henein dont il fait mystère ? As-tu lu *Dans la porte céleste* d'Henri El Kayem, c'est bien beau, n'est-ce pas ? Je parlerai des récents Out-el-Kouloub, Kher et Cattaui mais ils n'ont guère besoin du journaliste.

*27 avril*

J'ai écouté Henein à la radio. Il a assassiné Max Jacob. Je ne comprends pas mais il est imprévisible, vouant aux gémonies ce qu'il avait découvert la veille. Lui qui t'avait défendu contre les « Brunetière de quartier » – si Dumani m'entendait ! – ne va-t-il pas t'agonir demain ?

Il nous rebat les oreilles avec l'exposition internationale des surréalistes. Je te remercie de tes lignes de compte-rendu (à usage strictement personnel, n'est-ce pas ?) mais tout de même Cattaui est un peu aveugle sur leur révolution, non, tout en reconnaissant leur « grandeur » ?

Toujours est-il que Marie Cavadia a raison de s'attaquer aux faussaires de l'écriture dans les « capitales excentriques » à « l'épine dorsale culturelle insuffisante » – elle cite Le Caire, tu penses bien ! On s'y cultive en étendue, pas en profondeur. Qui Paris va-t-il nous envoyer à la rentrée ? Dis-le moi vite.

*28 avril*

Je continue mes réflexions à Darb el-Labbana. La Citadelle veille. Nelly [Vaucher-Zananiri] hésite encore devant le pays – contrairement au jusqu'au-boutiste Cossery, un drôle d'oiseau. Je lui préfère Finbert à tout prendre, tu connais ma faiblesse d'enfant pour la mystique – j'ai longuement dérivé sur les rives de Birket Quarun avec *Le Fou de Dieu* en poche. En traduisant le dernier livre d'El Hakim, Brin fait – comme toujours – œuvre salutaire. Il faudra le trouver ce pays, non ?

Ce n'est pas avec ces échantillons de modern style qui s'échelonnent de Bab el-Hadid à Kasr el-Nil, bien faits pour guérir l'amant le plus enragé du progrès, c'est à desespérer des architectes. Le style confiseur est à la mode et nos édiles n'en ont point réfréné l'épidémie.

*29 avril*

Ouf, le grand été arrive, le monde part, les hôtels vont fermer, le dernier touriste va disparaître, Cook (l'effroi de Loti), les snobs du pantalon et de la chaussure, la jeunesse dorée de nos salons cosmopolites. Tant mieux, je prépare un panégyrique aux milans, grands vautours et autres aigles de la Montagne rouge où Mouillard s'essaya, les épaules chargées de toile. Je retournerai donc rue Bondaka, comme autrefois avec toi, je boirai de la limonade chez Zogheb et demanderai à voir encore la cour des Sœurs dans laquelle il entreposait ses cages, pièges et aéroplanes.

Comment El-Kahira nous reprendra-t-elle ? « Je suis enterré au Vieux Caire », as-tu écrit, ce que nous sommes nombreux à penser ici mais il n'y aura jamais d'Association pour cela. « Les Illuminés de l'observatoire du Mokattam » : je vois d'ici la tête des hôtes conviés à nos méditations !

Je te salue et embrasse Arlette,

ABU DAN-EL

*Pour Robert Cahen, ami attentif – à l'écoute – qui m'a appris « Répons qui possède ce feu ».*

## L'Hommage du Sage au Mage
## Lecture, Citation, Arrachement
## Effort de Prouver la Spiritualité du Geste Critique

*« Mon berceau s'adossait à la bibliothèque,*
*Babel sombre, où roman, science, fabliau*
*Tout, la cendre latine et la poussière grecque,*
*Se mêlaient. J'étais haut comme un in-folio.*
*Deux voix me parlaient...* [1]

Répons – Dialogue en guise d'envoi – écrit en hommage après la lecture de deux études sur Edmond Jabès, « Nomadic Writing : The Poetics of Exile », de Richard Stamelman[2], « Piège à Pensée » de Geneviève Mouillaud-Fraisse[3].

Qu'est-ce que la spiritualité ? Ce mot à connotation religieuse, théologique – voire mystique – peut aussi se référer simplement à la croyance en la qualité de ce qui est esprit – de la spiritualité de l'âme – à un système qui admet l'existence d'une âme distincte du corps. On n'est jamais seul quand on lit. Les mots de l'autre, de l'absent ou de l'absente, donnent accès à travers l'inscription

[1] Charles Baudelaire, «La Voix». *Œuvres complètes*, établi par Y. G. Le Dantec, éd. révisée par Claude Pichois, Paris, Gallimard, Pléiade, 1961.

[2] Richard Stamelman, «Nomadic Writing : The Poetics of Exile» in *The Sin of the book*, éd. Eric Gould (Lincoln, Nebraska. The University of Nebraska Press, 1985) p. 92-114.

[3] Geneviève Mouillaud-Fraisse, «Piège à Pensée», *Michigan Romance Studies,* Vol. VII (1987), p. 39-69.

sur la page à son esprit. La lecture est une communion spirituelle.

On ne peut pas nier la préoccupation religieuse d'Edmond Jabès. Ses œuvres sont peuplées de rabbins imaginaires : les personnages principaux du *Livre des Questions*, Sarah et Yukel, sont des victimes juives de la seconde guerre mondiale – victimes de leur religion. Comme Geneviève Mouillaud-Fraisse l'a bien souligné, «...une intense activité de définition, d'attribution et de comparaison se déroule autour du mot « Juif » dans les œuvres de Jabès » (p. 70). Définition, ajoute-t-elle, qui mène à la constatation du caractère paradoxal des formulations présentées : « Pensée d'une appartenance paradoxale, pensée paradoxale de l'appartenance » (p. 75) – en fait pour reprendre le titre de Mouillaud-Fraisse, « piège à pensée » : « Il comporte un risque de « capture », d'arrêt du sens et de la pensée (p. 77)... mais c'est aussi un dispositif à capter la pensée... à faire penser ». (p. 78)

Cette nature paradoxale de la pensée de ce qu'être juif veut dire, confirme ce que Jean-Marc Chouraqui désigna, dans son article « Le Talmud, Jabès et le Livre ou la Sagesse en question », comme *le sens hébraïque* de la lecture suscitée par les textes de Jabès : « Lire dans un sens hébraïque le texte c'est scruter le chaos et tenter d'en saisir les contradictions par les antinomies des lectures consignées dans le Talmud... »[4]. Toutefois, l'entreprise de Jabès se complique parce que la définition de la situation du juif n'est qu'une de ses préoccupations. Il veut aussi interroger le métier de l'écrivain, comme il l'explique dans un passage du *Livre des Questions* cité à maintes reprises par la critique :

> *Je vous ai rapporté mes paroles. Je vous ai parlé de la difficulté d'être Juif, qui se confond avec la difficulté d'écrire ; car le judaïsme et l'écriture ne sont qu'une même attente, un même espoir, une même usure.*[5]

[4] Jean-Marc Chouraqui, «Le Talmud, Jabès et le Livre ou la Sagesse en question», *Michigan Romance Studies*, Vol. VII (1987), p. 57-68.

[5] Edmond Jabès, *Le Livre des Questions,* 2 vol., Gallimard/Imaginaire, 1988, I, p. 106.

Jacques Derrida a identifié « cet échange entre le Juif et l'écriture » – mais de manière à y faire glisser la possibilité du paradoxe – comme « une longue métonymie » – « La situation judaïque devient exemplaire de la situation du poète, de l'homme de parole et d'écriture »[6] :

> *Que cet échange entre le Juif et l'écriture soit pur et instaurateur, échange sans prérogative où l'appel originaire est d'abord, en un autre sens du mot,* convocation, *c'est l'affirmation la plus obstinée du* Livre des Questions :
>
> *« Tu es celui qui écrit et qui est écrit ».*

À travers l'interrogation d'un sacré laïque, séculier, plutôt qu'orthodoxe, Jabès se situe d'une manière métaphorique au carrefour des deux sens du mot « spiritualité ». Mais chez lui l'aspect religieux de cette spiritualité littéraire découpe le domaine de l'aspect spirituel – de ce qui est plein d'esprit. Dans son étude *Le Livre brûlé : Lire le Talmud*, le rabbin Marc-Alain Ouaknin explique les deux objectifs fondamentaux de la Loi orale, de la tradition talmudique, midrachique, rabbinique (à distinguer de la Loi écrite – de la Bible) :

> *Dans son introduction à la* Michna, *Maimonide insiste sur une idée très importante : « Il n'y eut aucun moment de l'Histoire dans lequel la réflexion et la création, l'innovation de sens (*Hidouch*) furent absentes. Les sages de chaque époque considéraient les paroles de leurs prédécesseurs comme principe fondamental (*Igar*), les apprenaient et innovaient à partir d'elles. » La loi orale a donc été amplifiée de génération en génération.*[7]

Les sages qui créent cette loi orale la constituent à partir de l'étude de la loi écrite – la Bible, *Tora chébikhtav* ou *Tanakh*. La littérature, cette série de textes canoniques, est comparable au

[6] Jacques Derrida, «Edmond Jabès et la Question du Livre», *L'Écriture et la Différence*, Paris, Seuil, 1987, p. 100.

[7] Marc-Alain Ouaknin, *Le Livre brûlé : Lire le Talmud*, Paris, Lieu Commun, 1986.

*Tanakh* et nous, les critiques littéraires, à ces rabbins bavards qui discutent, se disputent, se corrigent, qui font vivre et survivre la tradition. Chaque acte critique, donc, suit le modèle de la démarche talmudique. Être commentateur ou commentatrice nous relègue dans une position secondaire, situation accessoire – celle du valet, ou de la dame de compagnie. Mais il ne faut pas se désespérer, parce que même dans ce rôle subsidiaire le critique n'est ni insignifiant, ni négligeable. C'est encore une leçon talmudique qui va élucider le pourquoi. Le rabbin Ouaknin a emprunté le titre de son étude *Le Livre brûlé* à un maître hassidique de la fin du XVIIIe siècle, Rabbi Nahman de Braslav, qui «... décida... de brûler un de ses livres... De ce livre, il ne nous reste que le titre et une tradition qui nous explique la nécessité de brûler les livres saints... » Ouaknin se réfère aussi au seizième chapitre du traité *Chabbat* dans lequel l'anecdote du « livre brûlé » est utilisée comme une mise en scène pour poser la question « Qu'est-ce qu'un livre ? » :

> *Le talmud imagine un incendie ayant lieu le jour du* Chabbat *(septième jour de la semaine), jour saint pendant lequel il est interdit d'allumer et même d'éteindre un feu. Que faut-il faire avec les livres ? Ils brûlent, il faut les sauver... Jusqu'à quelle limite un livre est-il considéré comme un livre digne d'être sauvé ? Interrogations étranges que le Talmud, lui, prend très au sérieux.*

Question vitale pour la critique littéraire aussi. Jusqu'à quelle limite un livre est-il considéré comme digne d'être sauvé ? À être consacré comme digne d'inclusion dans le canon, de mériter d'échapper à l'oubli.

La critique littéraire (même universitaire) a le pouvoir de faire ce choix malgré son statut accessoire. Comme l'explique Jacques Derrida dans un de ses essais consacrés à Jabès : « La nécessité du commentaire est, comme la nécessité poétique, la forme même de la parole exilée. Au commencement est l'herméneutique ». Le critique littéraire, qui a la plus grande possibilité de faire entendre sa voix, de faire respecter son choix des livres dignes de demeurer objets vivants, lisibles, valeurs culturelles, est le commentateur ou la commentatrice dont les écrits sont déjà considérés comme faisant partie de la « loi écrite », des textes qui méritent l'attention de l'exégèse, qui sont déjà canoniques, déjà du « sacré » dans la tradition littéraire.

En 1975 Edmond Jabès publia *Ça suit son cours*, volume de commentaires sur son propre travail et sur les œuvres de certains de ses contemporains – Maurice Blanchot, Jean Starobinski, Roger Caillois, Michel Leiris et Jacques Derrida – parmi d'autres. Ce volume fut réédité en 1984 avec un deuxième volume d'essais intitulé *Dans la double dépendance du dit* sous le titre *Le Livre des Marges*. Ces deux volumes jouent le rôle de témoignages de ce qui a poussé Jabès à faire des commentaires. Comme Jabès le dit dans la troisième partie d'un texte au commencement de *Ça suit son cours* : « La page sans date, indatable », c'est la responsabilité de l'écrivain d'inaugurer un processus de réponses et de répliques par la lecture de son propre texte au cours de sa composition :

> *L'écrivain n'est libre de son écriture que par l'usage qu'il en fait : c'est-à-dire, par sa propre lecture. Comme si écrire avait pour but, en somme, à partir de ce qui a été écrit, d'instaurer la lecture de ce qui viendra s'écrire.*
>
> *Par ailleurs, ce qui a été écrit n'étant lu qu'en train de s'écrire, est constamment modifié par cette lecture.*[8]

Ce texte de Jabès est, en fait, un tissage de citations des œuvres de Gabriel Bounoure qui, et ce n'est pas une coïncidence, avait préfacé le premier recueil poétique de Jabès, *Je bâtis ma demeure*[9]. Cette réflexion de Jabès à propos de la nature de la lecture, de l'écriture, du livre, est une composition à deux voix – la sienne et celle de Bounoure. D'ailleurs, la voix de Bounoure est elle-même prise dans le même jeu de « Répons » que celle de Jabès, pour employer ce

[8] Edmond Jabès, *Le Livre des Marges*, Montpellier, Fata Morgana/Poche biblio, 1975, 1984, p. 18.

[9] Edmond Jabès, *Je bâtis ma demeure*, Poèmes 1943-1957, Paris, Gallimard, 1959.

manière métaphorique ce terme musical et liturgique[10] – qui désigne un chant sur des paroles empruntées aux Écritures, exécuté par un soliste et répété en entier ou en partie par le chœur – puisque les passages de Bounoure cités par Jabès sont en grande partie tirés des commentaires faits par Bounoure des textes de Jabès, articles tels que « Edmond Jabès la demeure et le livre » (*Mercure de France*, janvier 1965) ou « Edmond Jabès ou la guérison par le livre », (*Lettres Nouvelles*, juillet-septembre 1966). Car Jabès ne cesse de dialoguer avec ceux qui l'ont lu et ceux qui le lisent. Le deuxième texte de *Ça suit son cours*, « Premier pas », inclut son propre jugement sur la nature des textes du *Livre des Marges* :

> *Les textes réunis ici sont destinés à demeurer en marge de mes ouvrages. Il faut leur conserver ce caractère marginal, le souligner même, afin que la lecture s'y fasse plus libre. Ils ne doivent rien au Tout mais, au contraire, tout au Rien ; d'où leur désir inassouvi du Tout et leur peur initiale du Rien.*
>
> *J'aimerais qu'ils fussent reçus comme écriture du vertige, où le livre s'ouvre au livre (LM, 26).*

Écrire dans les marges d'une œuvre, comme Jacques Derrida nous l'a démontré dans l'essai-préface à son volume *Marges de la philosophie* « Tympan », met en question la notion même de limite, des limites de la marginalité et du centre :

> *La philosophie a toujours tenu à cela : penser son autre. Son autre : ce qui la limite et dont elle relève dans son essence, sa définition, sa production. Penser son autre : cela revient-il seulement à relever (*aufheben*) ce dont elle relève, à n'ouvrir la marche de sa méthode qu'à passer la limite ? Ou bien la limite, obliquement, par surprise, réserve-t-elle toujours un coup de plus au savoir philosophique ? Limite/passage.*[11]

[10] On pense à la composition récente de Pierre Boulez «Répons» – une transposition orchestrale de cette forme chantée. Voir le film de Robert Cahen du même titre.

[11] Jacques Derrida, *Marges de la philosophie,* Paris, Minuit, 1972, p. 1.

Écrire dans les marges comme le fait Derrida dans « Tympan » (ou d'une manière plus systématique dans *Glas*) crée un texte qui ressemble visuellement au texte talmudique : l'annotation devient inscription – le commentaire, loi. Le titre du volume de Jabès ne peut pas ne pas rappeler celui du volume de Derrida et la nature hétéroclite des essais qui se trouvent dans ces deux tomes est comparable. En frôlant les marges, en s'interrogeant, on constate ses limites, son seuil à franchir.

Les démarches de Jabès dans *Le Livre des Marges* sont très variées – même parfois ludiques. Que l'on songe à son envoi à Jean Starobinski « L'absolu et la mort » (LM, 109-116). Il commence son texte avec une citation tirée d'un article de Starobinski intitulé « Montaigne et la dénonciation du mensonge » paru dans la revue *Dialectica* en 1968. Passage sobre qui explique comment « la volonté intérieure se rassemble et resplendit dans l'imminence de mourir... Parce qu'il n'y a plus d'issue vers un futur – ce qui veut dire qu'il n'y a plus moyen de « penser ailleurs » (LM, 109). Le ton de cette réflexion convient parfaitement à la deuxième partie du texte de Jabès, une lettre de Sarah, l'amante condamnée à mourir du *Livre des Questions* qui annonce à son bien-aimé Yukel : « Je vais mourir Yukel, il le faut, dans ce livre que nous n'aurons pas le loisir de finir d'écrire./ Je meurs en moi pour ce livre inachevé » (LM, 112). Intercalé entre la première citation et la lettre, on trouve une deuxième citation de Starobinski, *Les Amants* ; il s'agit cette fois-ci d'un extrait d'une communication présentée au colloque de Coppet, « Suicide et mélancolie chez Mme de Staël ». Dans une deuxième colonne on trouve, de la part de Jabès, un maniement du texte digne d'un jeu oulipien. Le passage de Starobinski traite du dévouement amoureux qui touche au sacrifice... Les amantes passionnées des romans de Mme de Staël sont comme des mortes-vivantes qui dépendent complètement de l'être-aimé. Chaque fois que Starobinski emploie les mots « l'être-aimé » ou « l'amante passionnée » ou bien le nom de Mme de Staël, Jabès substitue les mots « livre » et

« écrivain ». Donc, les paroles de Starobinski : « Ne vivre que pour l'être-aimé ; c'est bientôt ne vivre que par l'être-aimé ; avoir cessé de vivre pour soi-même et par soi-même », deviennent dans la version de Jabès : « Ne vivre que pour (le livre) ; c'est bientôt ne vivre que pour (le livre) ; avoir cessé de vivre pour soi-même et par soi-même » (LM, 110). Par la suite, l'écrivain devient ce mort-vivant ; « maintenu en vie par une sorte de respiration artificielle qu'il implore – un mort en puissance dont chaque instant dépend désormais du livre » (LM, 110). L'étrange formulation de Sarah, le fait qu'elle va mourir de ce livre, s'explique plus clairement. Yukel répond à Sarah : « Ce livre, Sarah, privé de vocables, contient néanmoins notre histoire parce qu'il est livre écrit par la mort » (LM, 113). La pertinence de la première citation de Starobinski devient exemplaire.

Jabès se sert lui-même de la forme épistolaire pour établir son dialogue. Dans son envoi à Roger Caillois « L'éternité de pierres », il partage avec sa lectrice et son lecteur le « Fragment d'une lettre » dans lequel il s'adresse directement à son dédicataire en précisant la nature de ses qualités, soulignant comment le lecteur va se reconnaître en lisant Caillois (ou simplement en lisant) à la limite de ce qui est dit, en fonction de ce qui ne sera jamais exprimé :

> *Votre approche des choses – et des êtres – se fait d'abord, instinctivement presque, à travers ce qui les dissimule.*
>
> *Vous partez – pour voir, pour comprendre – de ce qui ne se livre pas tout de suite à la vue ni à l'ouïe. Quête de patience. Trace dans la trace indéfiniment relevée. (LM, 37).*
>
> *Vous nous menez, d'incursions en incursions, aux confins de nous-mêmes. Nous ouvrons les yeux sur ce qui, d'avoir fait appel à toutes ses ressources, demeure miroir d'un monde que nous ne cesserons de sonder en nous mirant : monde de l'écriture où s'éveille et se couche le monde, parole élue où nous nous mesurons à nous-mêmes et à l'espace, comme s'il nous fallait vivre – et mourir – dans ce qui seul gouverne pour être gouverné et gouverner à notre tour. (LM, 38).*

Selon Jabès, le lecteur « se lit » grâce à Caillois – grâce à son pouvoir de nous faire voir en ce monde ce qui nous pousse à nous contempler. La lecture nous met donc en contact avec nous-mêmes – exercice spirituel par excellence.

Paradoxalement – et c'est un mot qui revient souvent à l'esprit des commentateurs de Jabès – l'écrivain a le pouvoir de nous aider à nous lire, à nous regarder dans le miroir de son texte, mais il éprouve quand même une certaine difficulté à lire ses propres œuvres, à être le commentateur digne de les exposer. Dans un texte intitulé « Carte blanche » inclus dans le deuxième volume du *Livre des Marges*, *Dans la double dépendance du dit*, Jabès suggère qu'en principe, l'écrivain, l'auteur, en tant que « maître des lieux » peut faire entrer ses visiteurs, ses lecteurs et ses lectrices, dans ses livres. En fait, l'écrivain n'est ni mieux ni moins bien renseigné que ses lecteurs à propos de son propre texte :

> *Or, face au texte, l'écrivain se trouve dans la même situation que l'éventuel lecteur ; le texte s'offrant toujours à nous tel que nous* pouvons *le lire. Il est, à chaque fois,* le texte de notre lecture, *c'est-à-dire un nouveau texte.*
>
> *L'écrivain s'écrit en lisant, le lecteur se lit dans l'écrit (LM, 132).*

Cette carte blanche, cette liberté de choisir, de décider, de la part du lecteur, est comparable au choix de l'écrivain devant la feuille blanche, mais d'une moindre ampleur selon Jabès :

> *Grande est la marge entre carte et feuille blanche. Ce n'est cependant pas dans cette marge que tu pourrais me trouver mais dans celle encore plus blanche qui sépare le feuillet constellé du feuillet transparent ; la page écrite, de la page à écrire : dans cet espace infini donc où le regard est rendu au regard et la main à la plume ; où tout ce que l'on écrit s'efface dans son écriture même ; le livre insensiblement se faisant dans le livre que l'on n'achèvera jamais. Là est mon désert (LM, 132).*

On retrouve dans ces lignes, dans cette impossibilité de communion, d'aboutissement, ce que Jabès a déjà exprimé à propos de

Caillois : « Ce qui est dit, l'est toujours en fonction de ce qui ne sera jamais exprimé » (LM, 38). La lecture et l'écriture sont des activités qui ont remplacé la méditation religieuse, qui remplissent le vide créé par ce besoin de spiritualité dans ce monde séculier. Jabès dit très clairement, dans sa contribution au livre collectif *Midrash and Literature*, que la contemplation et confrontation du texte remplacent celles de Dieu.[12] Mais Jabès ne peut pas s'empêcher de faire face à Dieu et au texte à la fois. « L'instant d'après », son texte-répons à Jacques Derrida est, sur ce plan, exemplaire. Jacques Derrida est un lecteur attentif de Jabès. Ses essais « Edmond Jabès et la question du livre » et « Ellipse » (consacré au *Retour au livre*), réunis dans *L'Écriture et la Différence*, ont joué un rôle important dans l'établissement des textes de Jabès comme objets de valeur littéraire. On peut dire qu'en choisissant d'écrire sur Jabès, Derrida l'a aidé à entrer dans l'échange critique universitaire. En feuilletant les pages de *L'Écriture et la Différence*, j'ai été frappée par le contraste entre l'apparence typographique de « Edmond Jabès et la question du livre » et celle des autres essais dans le volume. Il s'agit vraiment d'un chant à deux voix distinctes, les caractères italiques graciles des citations de Jabès et les lettres carrées des fontes romaines utilisées dans le texte de Derrida. Le « Jabès » de Derrida est bien enraciné dans une tradition judaïque et talmudique (sans pour autant être orthodoxe) :

> *Entre les morceaux de la Table brisée pousse le poème et s'enracine le droit à la parole. Recommence l'aventure du texte comme mauvaise herbe, hors la Loi, loin de « la patrie des Juifs » qui « est un texte sacré au milieu des commentaires... ».*

Selon Derrida, l'écriture de Jabès est le chemin de Dieu, chemin dans le Désert : « Chemin détourné, gauche, équivoque, *emprunté*, par Dieu et à Dieu. Ironie de Dieu, ruse de Dieu, chemin oblique, issue de Dieu, voie vers Dieu et dont l'homme n'est pas le simple détour. Détour infini. Chemin *de* Dieu. » Certaines notions

[12] Geoffrey Hartman et Sanford Budick, *Midrash and Literature* (New Haven : Yale University Press, 1986), p. 349-360.

chères à Derrida réapparaissent dans sa lecture de Jabès. La différence entre parole et écriture si importante dans la pensée philosophique présentée dans *De la grammatologie* apparaît dans la bouche de Jabès, mais l'apparence de cette distinction relève de la volonté de l'interprétation, du désir chez Derrida de trouver quelqu'un qui partage son avis. L'argumentation se dissout. Les citations présentées comme preuves manquent de liens logiques bien développés avec les propos qu'elles devaient soutenir :

> *L'écriture se déplace sur une ligne brisée entre la parole perdue et la parole promise. La* différence *entre la parole et l'écriture, c'est la faute, la colère de Dieu qui sort de soi, l'immédiateté perdue et la parole promise.* « Le jardin est parole, le désert écriture. Dans chaque grain de sable, un signe surprend. »

*Le Livre des Questions* va devenir le poème d'une certaine pensée phénoménologique :

> *La conscience juive est bien la conscience malheureuse et* Le Livre des Questions *en est le poème ; inscrit en marge de la phénoménologie de l'esprit avec laquelle le Juif ne veut faire qu'un bout de chemin, sans provision eschatologique, pour ne pas borner son désert, fermer son livre et cicatriser son cri.*

Il n'est pas nécessaire de multiplier les exemples. Cette lecture de Jabès est bien derridienne. Derrida en est conscient, et le fait qu'il termine « Ellipse » avec la constatation que Jabès a inventé un rabbin imaginaire qui lui ressemble énormément en est la preuve, je crois. L'épigraphe attribuée au Reb Dérissa introduit un chapitre du *Retour au livre* intitulé « L'écart et l'accent », commentaire de Jabès sur la nature de la lecture chez Derrida, sur l'écart, la différence entre le livre de Jabès lu par Jabès et le livre de Jabès lu par Derrida :

> *Ouvrant la troisième partie du troisième* Livre des Questions, *ainsi s'entame le chant sur* L'écart et l'accent :
>
> « Demain est l'ombre et la réflexibilité de nos mains.
> Reb Dérissa ».

Avec cette citation de Jabès, Derrida clôt *L'Écriture et la Différence*.

Ma lecture quelque peu critique de l'analyse que Derrida fait de Jabès est en partie inspirée par ce que je ressens après ma lecture de « L'instant après ». Jabès exploite encore une fois la forme épistolaire. Son texte est présenté explicitement comme « Lettre à Jacques Derrida sur la Question du Livre ». Les conditions de sa composition sont même précisées :

> *Si, pour répondre à l'invitation qui m'a été faite de participer à un numéro de* L'Arc *qui vous est consacré, j'ai choisi, par le truchement de cette revue, de m'adresser directement à vous, c'est parce qu'à ce point crucial d'une pratique de l'écriture, c'est parce qu'au cœur – et souvent, dans la plus totale des nuits – de ce questionnement incessant de la lettre et du signe saisis dans leur devenir périlleux de vocable et de livre, où je suis parvenu, on ne peut parler à l'autre – ou de l'autre – que par la voix du dialogue intime, par cette voix chargée de toute l'écoute d'une voix dont on sait qu'elle a une fois rompu le silence pour soi-même (LM, 45).*

La lecture que fait Jabès de Derrida – et il l'avoue lui-même – est basée sur un acte de violence – le geste d'arracher des mots de leur contexte, de tisser sa propre trame à partir des fils enlevés. Jabès exprime en même temps son irritation face à l'expropriation derridienne de ses propos et son énorme respect pour son auteur. Cherchant vainement à maîtriser la façon dont son texte est reçu, Jabès se rend compte de la futilité d'établir une équation entre ce qui s'écrit et soi-même, de la même façon qu'il reste pris par un désir hors de sa portée de maîtriser sa propre voix :

> *En prenant la plume, nous pensions atteindre à une sorte de plénitude, d'unité réconfortante. Rien n'est plus pareil, après. Coupés de nous-mêmes par notre propre audace, privés de notre bien, notre mâle et prompte réaction est de tenter de maîtriser cette voix rebelle d'encre, afin de nous en approprier.*
>
> *Or, la parole transcrite, aux poignets de laquelle nous avons passé les fers, que nous avons naïvement cru fixer, conserve sa liberté*

*dans l'étendue de sa pérennité nocturne. Liberté éblouie qui nous effraie et nous angoisse (LM, 47-48).*

Tout en mimant le processus de Derrida – en citant les propos qui font de Derrida un écrivain à l'image de celui que Jabès veut faire de lui, ce dernier exprime son estime profonde pour l'effort que fait Derrida pour répondre à la question « Qu'est-ce que le livre ? ». C'est cette question talmudique par excellence qui pousse Jabès à soumettre littéralement à la réflexion de Derrida, (et à la nôtre), une réponse empruntée à un rabbin kabbaliste. Cependant, comme il l'avoue, cette réponse est détournée de son sens mystique originaire : « Le livre serait cela qui « est gravé sur le noir du feu sur le blanc du feu. Feu noir sur feu blanc ». (LM, 49). Pour Jabès, Derrida incarne l'intensité de ce feu :

*Vos « marges » sont privées de contours rassurants ; vos « positions », « disséminantes ». Espérer de vous l'apaisement, c'est se détourner de vous. Vous brûlez ce qui se tenait en bordure des flammes. Rares, très rares sont ceux qui vivent avec autant d'intensité l'écriture. « Une vie entière », en effet, ne peut suffire à apaiser le feu (LM, 53).*

Si l'image du « Livre brûlé » revient à l'esprit, ce n'est pas par hasard. Jabès a préfacé ses remarques sur Derrida en référant à un rabbin (peut-être même celui si cher à Ouaknin).[13]

*« Il n'y a pas d'espace protégé pour l'écriture », écrivait, il y a trois siècles, un rabbin méconnu dont je m'abstiendrai de révéler le nom.*

*Il écrivait encore : « Dans chaque vocable, un mur de feu me sépare de Dieu et Dieu est, avec moi, ce vocable. »*

*Le feu ne peut s'éteindre dans le mot qu'il écrit. Éternité du livre, d'incendie en incendie...*

*Il n'y aura jamais qu'un seul livre promis au feu auquel seront sacrifiés tous les livres...(LM, 44)*

[13] Ouaknin cite ce passage en exergue à la troisième partie de son livre. Chouraqui note la citation sans expliquer sa pertinence.

Ce feu spirituel est celui de la volonté de créer et l'écriture et la lecture sont des activités qui en relèvent.

> *Si chaque instant est le début d'un dialogue, l'éternité en serait-elle la fin ? Mais cette fin ne saurait en être une étant infinie, étant indéfiniment la fin d'une fin inacceptable.*
>
> *Écrire, c'est réfuter le dialogue, mais c'est aussi l'instaurer dans ce refus (LD, 25)*[14].

Ce n'est pas par hasard qu'Edmond Jabès a consacré tout un livre, *Le Livre du Dialogue*, à l'importance de cet échange intime. Pour les écrivains contemporains, le Dialogue – Répons – est le moyen d'exprimer ce qui inspire leur ardeur. Ce geste de l'hommage du Sage au Mage – ce Répons – constitue la spiritualité de la littérature aujourd'hui. Nous écrivons tous notre propre livre, dans lequel tous les autres livres sont intercalés, tel un commentaire talmudique. En écrivant, en lisant dans l'étonnement...

ADÉLAÏDE RUSSO
Louisiana State University

[14] Edmond Jabès, *Le Livre du Dialogue* Paris, Gallimard 1984, p. 44.

## Comment je lis Edmond Jabès

*Un poète doit laisser des traces de*
*son passage, non des preuves.*
*Seules les traces font rêver.*
René Char, *Les Matinaux* (1950)

Je ne l'ai découvert qu'après sa mort, par hasard. C'était il y a quatre ans : dans un grand hebdomadaire une petite photo, un petit article, consacré à l'une de ces rares tentatives de parler de l'œuvre d'Edmond Jabès en Allemagne.[1]

Depuis, je suis devenue sa lectrice. En ouvrant *Le Livre des Questions*, j'ai été immédiatement saisie, comme si une partie de moi-même était déjà là-dedans, perdue et inexorablement liée par la beauté du langage. Au début, je n'en compris rien, pourtant quelque chose de très fort appelait mon émotion, par le son des mots dans ma lecture silencieuse. Sans le savoir, j'étais prise par la plénitude de l'absence qui désormais résonne pour moi dans le nom *Edmond Jabès*. Étant depuis toujours et à jamais absent de ses livres, l'auteur s'y trouve néanmoins dans la douleur attachée à chaque mot qui lie l'individuel à l'universel sans jamais trahir notre subjectivité inconstante, notre solitude essentielle. C'est ainsi que ses textes m'ouvrirent un monde déjà soupçonné mais jusque-là inconnu, c'est ainsi qu'ils me transformèrent pour toujours en me révélant ce qu'avait pressenti Kafka : la discontinuité profonde de l'être. Jabès se réfère à celle-ci en concevant l'écriture comme une initiation dans un parcours interminable : « Écrire, c'est entreprendre un voyage au terme duquel on ne sera plus le même ; au bas de la page parcourue. »

[1] C'était lors de la publication de *Und Jabès. Hommage.* Stuttgart, 1994 par Jutta Legueil.

En travaillant sur Edmond Jabès, ma formation universitaire s'opposait dès le début à mon intuition, les deux étant également fascinées. « Et si la sagesse n'était que tendresse de l'esprit pour le cœur ? » Ainsi s'éveillèrent les questions. J'essayais donc d'introduire cette scission intérieure dans ma lecture pour faire face au paradoxe que j'y rencontrais sans cesse. Qu'étaient ces livres ? Quant à moi, je les considérais comme de la littérature malgré le refus de l'auteur absent d'y appartenir, d'appartenir quelque part. Ils formaient à mon avis une œuvre d'art qui ne voulait se reconnaître comme telle. Mais comment écrire alors sur Jabès sans le trahir, c'est-à-dire sans trahir son écriture ? La liberté profonde de cette dernière m'indique encore et toujours les frontières de l'interprétation qui sont justement celles du discours académique où ce dernier m'apparaît comme une ancre avec ses expressions auxquelles je peux me raccrocher en traversant l'abîme sur le pont que forment les phrases, les traces d'Edmond Jabès.

Plus tard, mais toujours dans le vertige des questions, je commençai à comprendre la dimension humaine de la question même. C'est que chez Jabès, l'écriture nomade est, entre autre, une réflexion de la structure de la pensée. Sa dynamique déracinée se présente comme l'expression profonde de notre condition postmoderne. En la reflétant, ses textes se prêtent à un réalisme nouveau, au-delà de la représentation et qui place au centre l'homme et son instabilité profonde – tout cela en respectant l'autonomie des mots. Car l'homme est essentiellement lié au langage :

> *« L'homme, par le truchement du verbe, est et n'est pas. Le verbe, par contre, demeure le verbe, c'est-à-dire l'unique chance concédée à l'homme d'être ou de n'être pas dans le Tout et le Rien. »*

Jabès a pressenti que l'art à la recherche de la vérité, pris entre ce Tout et ce Rien, ne peut s'exprimer que d'une façon inachevée, fragmentaire et questionnante. « La vérité est incessante invention puisqu'elle se contredit elle-même et que seul ce qui est provisoire est vrai, seul ce qui peut être partagé. » La fragilité et la fugitivité de ce partage sont le prix à payer pour la possibilité de sa répétition, source de changement. Mais comment Jabès a-t-il pu faire de la Shoah un des sujets les plus persistants de ses livres en mettant en cause la notion de vérité ? C'est que cette mise en cause elle-même est une conséquence de ce qui s'est passé, elle est l'expression du refus acharné de toute idée de totalitarisme. Jabès ne tente pas de donner une description des camps qu'il n'a pas connus, il veut en démontrer les effets pour l'homme et pour l'écriture. La destruction est son point de départ. Voici comment dans *Le Parcours* Jabès décrit l'essentiel de la condition et de la tâche de l'écrivain après Auschwitz avec la simplicité des mots-clés de son œuvre :

> *Ma demeure est détruite ; mon livre, en cendres.*
> *Dans ces cendres, je trace des lignes.*
> *Dans ces lignes, je mets des mots d'exil.*

En tant qu'écrivain, Jabès se sent concerné par la blessure des mots, parce qu'ils portent les traces de la Shoah et qu'ils peuvent ainsi, à partir de leur changement, être interrogés comme témoins. Dans leur autoréférentialité, ils ne se détournent pas des faits historiques, mais ils leur rendent compte. Car en tant que signifiants, la relation qu'ils entretiennent avec la réalité de ces crimes inimaginables est essentiellement inappropriée. Pour cette raison, le signe ne peut faire référence qu'à sa propre impossibilité. Cette réaction très consciente ne manque pourtant pas de beauté, les mots devenant un canal par lequel passe le cri immatériel, cette métonymie insaisissable qui évoque la douleur illimitée, car, comme on l'apprend au seuil du *Livre des Questions* : « L'écriture qui aboutit à elle-même n'est qu'une manifestation du mépris ». Le livre est donc chez Jabès le lieu où l'écriture trouve sa place autonome tout en s'ouvrant au monde. Le lecteur devient à travers son approche personnelle le médiateur du texte qui se modifie sans cesse avec lui. Il participe aux discussions des rabbins ou des autres instances métadiscursives en les prolongeant par ses propres interprétations. Le modèle judaïque du livre de la vie devient alors le livre vivant, ravivant en cela le judaïsme même.

La judaïté d'Edmond Jabès est alors évidente précisément là où il met en question la tradition juive pour la repenser dans le contexte de la modernité, « car qu'est-ce que la modernité sans l'ouverture ? Elle n'est même que cela. » Cette liberté de « son judaïsme après Dieu » trouve son point de repère dans l'écriture. Par sa réflexion critique de la tradition, Jabès la maintient en la renouvelant. Dans ses textes, il démontre que ce sont justement les contradictions immanentes du judaïsme qui le rendent capable de se mouvoir avec les changements à venir. Ce qu'apprend l'expérience de l'exil est essentiel pour la compréhension de l'identité moderne, puisque celui qui bouge avec la vie est incapable d'établir un lien fixe avec le monde extérieur. Par conséquent, Maurice Blanchot voit la leçon que nous apporte le judaïsme en ce « qu'il faut, en tout temps, être prêt à se mettre en route. »[2]

Je me suis mis en route, j'y suis toujours. J'erre à travers les livres d'Edmond Jabès où paradoxalement je me sens toujours chez moi en me retrouvant dans l'apprentissage renouvelé de mon être d'étrangère. Comme si c'était pour moi qu'il avait écrit : « Tu existes parce que je t'attends ».

CAROLA ERBETZ

[2] Maurice Blanchot, *L'Entretien infini*, Paris, 1969, p. 183.

## Lettre d'Antonio Prete

Ma rencontre avec Edmond Jabès : l'expérience douce, essentielle, d'un passage de la page à la vie, de la respiration de la parole à la lumière et du regard aux ombres.

Un passage plein de vibrations ; l'écriture diaphane et transparente texture de la vie, la vie telle un sillon qui accueille l'écriture, telle la respiration qui se laisse deviner dans les silences de l'écriture.

La parole de Jabès était – est – corps de pensées, nuée de souvenirs, blessure et désir : ce mouvement du dire et de la pensée, de la mémoire et de la contemplation, est entré dans ma vie avec l'autorité fragile et tranquille du sage, avec la légèreté rigoureuse du poète. Après les expériences qui ont occupé mes pensées et mes interrogations et qui toujours les habiteront (Dante, Léopardi, Baudelaire), celle de Jabès, surgissant à ce moment-là, s'est ajoutée aux précédentes pour les libérer de l'abstraction et de la distance, de la solennité de la forme ; j'ai senti, avec Jabès, que souffrir de la parole, de son inexorable vérité, vide de sens, cela voulait dire aussi découvrir le désert du sens, entrevoir cette ligne où la douleur du monde se révèle, dans le vide du sens, dans sa complète indigence. Un horizon extrême, essentiel ; la frontière entre syllabe et néant ; c'est à partir d'ici que l'on peut commencer à penser, d'ici que l'on peut accueillir le son des choses, sentir leur proximité, leur langue. Écrire, écouter cette musique, se laisser quelquefois protéger par elle ; sachant que le silence est son âme, le néant son rythme.

L'amitié avec Jabès, la traduction de certains de ses livres dans ma propre langue, dans mes pensées, ont changé l'idée que je me faisais de la critique et peut-être ma façon de la pratiquer.

La présence d'Edmond Jabès, qui va au-delà des aléas des rencontres, au-delà des conversations persuasives et amicales, continue à se faire sentir dans cette mutation. Mutation du regard et peut-être du style.

Le dialogue a retrouvé son second souffle, sa vérité ; dans l'éloignement d'une vie, dans la proximité toujours plus visible d'une écriture.

Le souvenir de Jabès n'est pas seulement la vie d'une page, il est le sillon dans lequel se meuvent les pensées.

ANTONIO PRETE

Traduit par Arlette Jabès, mars 1992

## Le livre au cœur de l'Être

En empruntant ce titre que Shmuel Trigano a donné à sa préface à *L'épître des sept voies* d'Abraham Aboulafia, je voudrais attirer l'attention sur l'une des difficultés quand on traduit (dans mon cas, en japonais) l'œuvre de Jabès, difficulté que l'on ne rencontrerait pas forcément en lisant ses textes français ou même en traduction anglaise, allemande, etc. Il s'agit du mot « livre » dont l'emploi est, comme on sait, extrêmement fréquent. Permettrait-on que j'ose repérer de ce mot les trois acceptions suivantes ?

1. Le livre concret avec ses pages que l'on feuillette sous les yeux, le livre visible, palpable, offert à tous...
2. Le livre « abstrait » dans le sens où Jabès écrit, entre autres, « d'un livre en suspens dans le livre même... », «... De sorte que le livre enfoui dans le livre est, tantôt ce livre rêvé, inégalable, inimitable... »
3. Le livre qui se rapporterait directement au « Livre » sacré, à la Bible juive, au Livre fondateur...

Comment ces trois sens du « livre » s'articulent-ils dans les textes de Jabès ? Je suis maintes fois tenté de le traduire par trois termes japonais distincts, tout en sachant que cela pourrait provoquer le risque d'un contresens ou même trahir sa profonde ambition. Si l'on qualifie le rapport des deux premiers sens (livre concret/livre « abstrait ») comme rapport horizontal, l'on pourrait parler du rapport vertical entre le livre (concret ou abstrait) et le Livre sacré... Mais laissons ses propres textes admirables préciser, parfois d'une manière angoissée, ces articulations. D'ailleurs, ne sait-on pas que Jabès ne voulait pas se référer exclusivement à ce Livre sacré ? D'où peut-être un certain mépris de la part des Juifs orthodoxes... Ce non-vouloir est le corollaire de son attitude vis-à-vis du judaïsme traditionnel, où il voit le danger de la pétrification (cf. *Le Parcours*, p. 86).

Pour terminer cette page, j'aimerais citer un passage de *Judaïsme au présent* d'Emil L. Fackenheim, en pensant à toutes ces phrases de Jabès modulées par les expressions comme « sans doute », « peut-être », « on pourrait… », « si… », « comme si », «...? (questions) », etc.

> *Le mot clé du Midrach est* kavyakhol *(« si possible », « pour ainsi dire ») et il signifie que si l'affirmation qu'il accompagne est vraie, elle n'atteint pas pour autant à la forme ultime du vrai, laquelle est au-delà de notre compréhension limitée, et réservée à Dieu seul.*

Ainsi Jabès a vécu le livre.

Ainsi Jabès a vécu sa propre liberté et la liberté propre au livre.

TAKEMASA INO

## Une page pour Edmond et Arlette

Que puis-je ajouter à mon « hommage du traducteur » qui a déjà été publié en Angleterre ? Je me souviens d'Edmond Jabès comme d'un homme bien dans sa peau et bien dans son assiette, malgré l'intense anxiété de sa quête, quête qui suscita une réponse au célèbre défi (non pas l'interdiction) d'Adorno aussi puissante que celle de l'ami Celan. Je me souviens aussi de l'étrange sentiment que le traduire c'était comme commettre l'adultère. À l'époque, j'étais le « fidèle » traducteur d'Yves Bonnefoy et j'avais l'impression de « trahir » Bonnefoy. C'était insensé.

Mais pas aussi insensé que cela, car ce sentiment traduisait une tension dialectique. En lisant minutieusement Jabès, je compris qu'une autre facette de mon esprit faisait l'objet d'une critique rigoureuse et douloureuse, et très différente de la critique suscitée par ma lecture de Bonnefoy. C'est ainsi qu'entre ces deux grands poètes je me suis orienté, j'ai comploté ma voie.

Edmond est toujours dans les parages, une étoile dont la lumière est projetée au-delà de son temps, au-delà de notre planète. Je le vois avec ses yeux pétillants entre ses grandes oreilles et ses grandes bajoues. Je vois aussi l'invincible Arlette lors de notre dernière rencontre, au cours d'un colloque à Londres en janvier 1992, expliquant l'œuvre de son mari comme elle avait coutume de le faire – avec lucidité, charme et humour – ce qu'elle faisait jusqu'au jour où, trop fatiguée, elle est partie le rejoindre, autre étoile.

ANTHONY RUDOLF

Traduction Patrick Gerassi

## L'Étonnement

J'ai toujours lu Edmond Jabès dans l'étonnement. Étonnement d'abord face à une écriture qui ne ressemble à aucune autre. Étonnement ensuite à l'encontre d'une pensée qui engage la vie et la mort si profondément, si puissamment, mais avec tant de modestie. Étonnement enfin devant les vastes espaces que cette écriture me réserve en tant que lecteur, étonnement devant l'hospitalité du livre.

Il me semble maintenant que cette hospitalité est inscrite très littéralement sur la page jabésienne, mais j'avoue que j'ai appris cette leçon avec difficulté. Car à première vue cette page semble traduire l'exact contraire de l'hospitalité : lieu lacunaire, lieu du vide et d'une fragmentation irrécupérable, la page semble inhabitable, trop marquée par l'absence, trop blanche. Et pourtant, Edmond Jabès transformera cette absence en l'écrivant. De manière délibérée, patiemment, doucement, Jabès apprendra à son lecteur que le blanc signifie pleinement, que la marge est un espace vital, que la page est en fait partage.

La place que Jabès réserve à son lecteur est une place royale : « Tout lecteur est l'élu du livre », nous dit-il dans *Le Livre des Ressemblances*. Dépassant largement le niveau du partage, il s'agit ici d'un don. Pour moi, ceci constitue le geste fondamental du livre jabésien, la signature même d'une écriture qui m'a appris à lire autrement, et dont la générosité continue à m'étonner.

WARREN MOTTE

*Pour Arlette, en hommage à Edmond Jabès*

## Trace

Je l'avais lu dans le Sinaï, au hasard d'une lecture emportée en vacances.

Je l'ai rencontré dans le Néguev, au hasard d'un colloque illuminé par sa présence.

Depuis, rue de l'Épée-de-Bois, si près du Nil et d'Istanbul, il m'a appris que l'errance avait une langue, celle de la mère, toujours étrangère,

que la révolte avait une voix, pas celle des cris mais du murmure,

que le désespoir se partageait dans le rire,

et la rencontre dans les paroles de l'après-rencontre.

Il m'a appris... Il a appris... Il savait partager le livre.

Mais je ne savais pas encore qu'un jour de janvier, un sourire léger effleurant son visage serein, il m'aurait aussi appris que la mort pouvait se montrer aimable à qui l'accueillait en amie.

ROSIE PINHAS-DELPUECH
Paris, janvier-août 1991

*À Edmond Jabès*

Quand le nom propre lui-même est rentré dans l'œuvre, devenu part du poème, comme une figure de donateur parfois dans la peinture ; quand la signature appartient à l'œuvre et que sa signifiance comme une clé de la partition musicale tonalise l'ouverture même du livre,

ED-MOND-JA-BES,

je pourrais me redire, relire, le tétrasyllabe, si français – nous parlons de langue – comme d'un héros d'Alexandre Dumas venu d'Ailleurs peu à peu révélé, je le chantonne presque

Aide et Mont, Déjà et Baisse

[où ce dernier vocable-syllabe prend la valeur précieuse de l'inclinaison, de la voix quand elle passe au silence – ou le jour à la nuit (...« à voix basse pour qu'on vous écoute ; il baissa les yeux ; il se baissa pour le relever »...)]

Que de caillots dans l'ordinaire émission ; que de nœuds dans le bois de la doxa, de gel dans nos paroles gelées (bobardise et jobardise, bavardage et vociférage, convictions, certitudes, ex-voto, stéréos, croyance générale aux Majuscules, moulins à diffamations, malédictions, superstitions générales, indurations mortifères, interjections de Dieux) ! Il faut bien que le poème casse les stéréos, change les cailloux en désert, les caillots en flux, les patenôtres en prières, les déterminations en négations, les imprécations en incroyance, les anathèmes en athéologie pure, la haine en renoncement, le réel en sa réalité mystique ! L'emploi fatal du langage chez les êtres-qui-ont-la-parole, le désir furieux de mots qui tuent (médisance, complot, monnaie de mage, abracadabras, terreur, immédiations...), il faut bien qu'un chant en assourdisse un instant le tumulte inapaisable, élève la trêve d'un poème, fasse le silence comme on dit, silence fait de paroles retournées à la

« vie intérieure » et que d'autres puissent entendre par les livres silencieux.

Je (qui dit je ? qui ose dire je ? qui est je ?) ne méprise certes pas le bruit de fond et de surface de notre humanité pépiante, il faut bien vivre en famille et entre ennemis, mais le poème, comme on l'appelle, son travail est de convertir toute cette fracasserie en monologue amœbéen, en « voix intérieures », en rayons et en ombres, c'est-à-dire en dialogues possibles. Les phénomènes ne sont pas méprisables, et le philosophe est là pour les phénoménologiser, mais l'art, de dire, pour les changer et faire autre chose avec ces choses ; extraire, abstraire, transposer, proposer.

On pressent que le sage – il y a si longtemps que la sagesse a commencé ; et toujours Edmond avait l'air plus ancien et plus serein que tout interlocuteur, avec les traits courtois de son corps – en même temps dans le même temps où nous vivons comme il faut bien, comme il faut (apartés, refus, ordres, interruptions, vocatifs – désordre) est un transformateur. Très à côté, tout à fait proche, il change la circonstance en relations, l'érudition en interrogations, les bruits en oraison.

Le poème prie sans croire, silencie sans mutisme, aime sans idolâtrie ; bâtit la demeure sur du sable, fait une tente avec du vent, de l'esprit avec la lettre soufflée, ouvre l'aporie avec ces chemins de phrases. Le poète oxymore apaise le tumulte inapaisable, il redonne au dehors la vie intérieure « exemple vivant » comme une littéralité ouverte, une parabole pressante et semée sur la pierre.

MICHEL DEGUY

## La traversée du chant

Il se peut que l'on se devance vraiment. Le plus souvent, c'est pour mieux se rejoindre, pour coïncider de façon parfaitement exacte avec soi. On anticipe, on surprend les autres, on est surpris soi-même. La foulée s'est allongée jusqu'au futur. C'est cette fleur du futur que la poésie avant tout désire. Et il advient qu'elle naisse au désert, cristallisation d'une chimère qui devient alors réalité. Je pense à Jabès et se dressent des images de cette fleur et d'autres, terribles, de coupure, de séparation. Une épée, un vent, le feu même de l'esprit ont irrémédiablement tranché. Cela se lit, en toute innocence, en toute conscience (ou plutôt prescience) aussi, dès son premier livre, celui du rassemblement de ce qui est pour lui déjà un naguère, *Je bâtis ma demeure*, livre où il coud un à un les poèmes de sa première saison avant d'en prendre congé. Et, en écrivant, il s'éloigne, il est du côté du frisson, il tremble, il vient à la peur, au sanglot, par le tour, extérieur encore, des effets de poésie. Ce n'est pas qu'il dédaigne d'être un constructeur, mais, plus résolument, il détruit les rêves, il sait les limites de tous les printemps, cette demeure qu'il tend au lecteur comme à lui-même est hantée par le vide. Jabès est certes à soi dans cette distance, mais on soupçonne qu'il lui reste un long chemin à parcourir, un lourd silence à entendre. C'est que l'anonymat qu'il pressent, l'exil qu'il imagine, la dépossession qu'il prévoit sont encore le fait de l'histoire, d'une turbulence qui lui est proche (dont il a par ailleurs étrange mémoire) mais qu'il n'a pas vécue, qui ne s'est pas inscrite dans sa chair. Elle n'investit pour l'heure que sa vision.

Jabès s'en est remis aux mots, aux mots durs et tendres de la poésie. Il n'ignore pas que cette dernière est extrême, qu'elle exige l'outrepassement des limites. Il campe à la lisière des sables, à la périphérie du point, de ce signe final d'un énoncé dont il fera, dans un geste de retournement où l'élégance se marie au vertige, un titre. Mais voilà qu'il est chassé, qu'il est frappé, qu'il est humilié. Il éprouve en un jour, en une nuit, personnellement, ce qui à l'égal veut dire anonymement, ce qu'il avait vu venir à lui au gré de l'écume unanime de la malédiction. La scission est là, elle est en lui. Il marchera à jamais loin de soi. Il se retrouvera pleinement. La douleur, la déréliction, l'abandon le rapprocheront de lui-même, de ce feu qu'il sentait monter. Il écrira des livres qui n'en seront qu'un : entretien sans fin avec le tout qui balbutie, avancée dans le désert qui décante, permettant les visions, le silence et les voix, narration étincelante et muette qui rend à elle-même, à son plus haut souffle, la poésie. Jabès a erré au seuil du *Livre*, d'un livre unique et multiple, il s'est témérairement glissé au cœur de cet impossible. Ce fut son apport et un don exorbitant, modelé d'attente et d'écoute. Il libéra les voix et les vocables, il dressa à la façon d'une torche une clarté très obscure, le sens était à son comble dans la saturation qui le sapait. Il fut au livre, assailli par l'espoir autant que par le renoncement. Il passa. Il offrit.

Je me souviens du vieil homme qui, au soir de sa vie, n'avait oublié aucune blessure, mais maîtrisait la science des baumes. Il ne put guérir de toutes et certainement pas de celle de poésie, ni de celle d'exil qu'on sut jusqu'au bout lui rappeler. Je resonge au *Livre*, à son livre ou à ses livres, comme l'on voudra. Le désert y est, l'autre de même, le vide et le plein s'y heurtent, il y a une chance à saisir, il convient de ne pas l'ignorer. Je revois le sourire, la lassitude, la jeunesse espiègle et sombre. Lorsque l'on scrute le désert en avion depuis très haut, on voit mieux, on voit tout, et surtout la vie, et encore les vies qui y furent. On prend mesure des renoncements et de ce qui perdure. Le désert est ainsi une géographie poussée à son paroxysme, une intériorité avivée, tout le contraire de ce que l'on croit, nullement la mort en tout cas. Il y a même un sourire du désert. Je l'espère et j'y crois. Mais, au reste, c'était dans un livre, un livre de mémoire qui reprenait les mots et les choses à leur orée. C'est dire s'il honorait le principe de l'hymne. Je l'ai lu, je le relirai, il était remis à tous. Une clarté obsédait ce qu'il me faut nommer un chant. Il n'y était pas question d'emblème, seulement de chair et de songe. Cela allait du soir au matin et du matin jusqu'au soir, c'était, à ce qu'il me semble, une incessante levée d'horizons.

YVES PEYRÉ

Entre le silence et le désert une synagogue a fait naufrage, une cendre de mots tracés sur l'écorce du monde signe le lieu. Entre le désert et une synagogue est advenu le silence, une oraison de poèmes renverse la stèle au lieu du signe.

Ce qui est resté d'un exil est ce nom écrit dans un cimetière. Ayant perdu le désert tu naviguas dans la mémoire des mots, fis d'un linceul une voile et cherchas ton rivage de songe où tu bâtis ta demeure.

Mais à qui faudra-t-il s'adresser ? Le sourire a écrit ton épitaphe sur la face d'une larme, adieu Jabès.

Et qu'est-ce que le silence sinon ce qui adviendra quand nous serons fatigués de nos paroles nées.

À toi déjà le silence, déjà le livre fermé. Il nous reste encore de garder le masque, il nous reste encore le devoir d'un poème, adieu Jabès.

Il nous reste encore une endurance dans la noire substance du jour et une errance encore. Il nous reste encore une croisade, l'empreinte du chant sur la cire d'une larme et une prière encore. Il nous reste ce temps de partir, ce temps de faire naufrage comme une synagogue entre le silence et le désert, et un exil encore.

ISMAËL DIADIE HAIDARA

*Pour Arlette Jabès*

Toute histoire individuelle est toujours, en quelque sorte, aussi une histoire collective. Le chemin qui m'a mené à Edmond Jabès ne peut prétendre être emblématique de toute une génération. Mais puisque je fais partie d'une génération, c'est seulement en me racontant et dans la difficulté de le faire, que – du clair-obscur de la mémoire – j'aurai peut-être quelque espoir de comprendre ce que nous appelons « génération » qui n'est pas autre chose que notre vie ; quelque espoir, alors, de me comprendre.

Je tombais par hasard, pour la première fois sur *Le Livre des Questions* au moment du « désastre ». Désastre de l'idéologie, de l'histoire, de l'espoir. Désastre de l'illusion d'avoir défait, grâce à l'u-topie, le mal, la finitude du temps. Et la mort.

Ce fut vers la fin des années soixante-dix ; l'époque de la lutte, de la Raison Révolutionnaire, du délire d'un pouvoir absolu de la « classe ».

L'époque de la transgression et du rêve : se libérer de la loi.

Je lus dans *Le Livre des Questions* : « Ce n'est pas que l'on veuille être libre ; mais on y rêve » et je lus encore : « je dis "je" et je ne suis pas "je". "Je" c'est toi et tu vas mourir. Tu es vidé. Désormais, je serai seul ». Fallait-il chercher dans le vide du « je » ce que j'avais jusque-là cherché ailleurs ? Était-ce dans cette absence de lieu, où repose le « je », dans cette impossibilité de rejoindre l'Autre et son visage, dans ce « *partage du néant* » que nous pourrions prendre nos distances avec l'horreur, avec la violence, avec le mal présent dans l'histoire ? Non, aucune « distance possible », parce que c'est justement après Auschwitz que l'on peut encore écrire de la poésie : «...et même on le doit : il faut écrire à partir de cette cassure, de cette blessure sans cesse ravivée ».

Puis je fis personnellement connaissance avec Edmond Jabès et – dans l'amitié, dans la proximité lointaine – je compris de manière essentielle combien sa parole poétique était sans arrêt assaillie par la douleur. Je compris qu'en se chargeant de la « blessure insensée » qui sépare et en même temps unit le « je » et l'Autre, on rend indissociables la parole et le livre, l'être et l'écriture, la vie et la mort.

Ce regard toujours tourné vers le néant qui nous sépare de *l'être*, cette recherche dans la confidence du *dialogue*, des ultimes questions enfouies dans l'oubli, c'était ce qui me frappait dans nos conversations : un prolongement des interrogations du livre, dans l'intimité d'une parole attentive à maintenir, dans son intangible secret, l'âme de l'autre.

Au cœur de ce « désastre » s'ouvrait non pas un nouveau chemin, mais l'acceptation du « désastre » comme ce que nous partageons le plus. Le finir nous tenant lieu de *fin*, le « passage » comme notre *destin*.

Pour moi, pour nous, Edmond Jabès a donc été la subversion d'une parole qui dit *poétiquement*, *le plus bas* possible notre néant, le « désastre » des idéologies, des réponses rassurantes, de toute prétention à l'immortalité et au pouvoir, mais aussi l'urgence de la réponse, le drame de son manque.

> *Nos paroles ne se rejoignent pas. Ta main est sourde, ton regard est aveugle.*

Paroles de désespoir ? Peut-être. Mais dans ce « désespoir » si on veut l'appeler ainsi, Edmond Jabès est celui qui nous a donné dans la « tendresse » le plus grand espoir. L'espoir qui vient de la douleur.

« Notre gratitude reste infinie. Le critère est l'hospitalité ». Et l'hospitalité pour nous, se cache là où nous sommes déjà, dans la poésie de son livre, qui en s'interrogeant, nous interroge et nous interpelle, nous appelle par notre nom.

ALBERTO FOLIN

Traduit par Arlette Jabès, mars 1992

## BIBLIOGRAPHIE

**Établie à partir de l'ouvrage de Éric Benoit,** *Écrire le cri :* Le Livre des Questions *d'Edmond Jabès*, Presses Universitaires de Bordeaux, 2000.


### 1. Œuvres de Jabès

*Je bâtis ma demeure* (Poèmes 1943-1957), Gallimard, 1959, nouv. éd., 1975.

*Le Livre des Questions :*

1. *Le Livre des Questions*, Gallimard, 1963.
2. *Le Livre de Yukel*, Gallimard, 1964.
3. *Le Retour au Livre*, Gallimard, 1965.
4. *Yaël*, Gallimard, 1967.
5. *Elya*, Gallimard, 1969.
6. *Aely*, Gallimard, 1972.
7. *• (El, ou le dernier livre),* Gallimard, 1973.

*Le Livre des Questions, I : Le Livre des Questions, Le Livre de Yukel, Le Retour au Livre),* Gallimard, coll. « L'Imaginaire », 1988.

*Le Livre des Questions, II : Yaël, Elya, Aely, • (El, ou le dernier livre),* Gallimard, coll. « L'Imaginaire », 1989.

*Le Livre des ressemblances :*

1. *Le Livre des ressemblances*, Gallimard, 1976.
2. *Le Soupçon Le Désert*, Gallimard, 1978.
3. *L'Ineffaçable L'Inaperçu*, Gallimard, 1980.

*Le Livre des ressemblances* (1, 2, 3), Gallimard, coll. « L'Imaginaire », 1991.

*Le Livre des limites :*

1. *Le petit livre de la subversion hors de soupçon*, Gallimard, 1982.
2. *Le Livre du dialogue*, Gallimard, 1984.
3. *Le Parcours*, Gallimard, 1985.
4. *Le Livre du partage*, Gallimard, 1987.

*Un Étranger avec, sous le bras, un livre de petit format*, Gallimard, 1989.

*Le Livre de l'hospitalité*, Gallimard, 1991.

*Ça suit son cours*, Fata Morgana, 1975.

*Dans la double dépendance du dit*, Fata morgana, 1984.

*Le Livre des marges* (*Ça suit son cours, Dans la double dépendance du dit*), le livre de poche, biblio-essais, 1987.

*Le Seuil Le Sable* (Poésies complètes, 1943-1988), Poésie-Gallimard, 1988.

*Du Désert au livre, entretiens avec Marcel Cohen*, Belfond, 1981.

**II - Etudes critiques sur l'œuvre de Jabès**


Blanchot, Maurice : « Le Livre des Questions », dans *L'Amitié*, Gallimard, 1971 (article paru dans *La N.R.F.*, mai 1964).

Bounoure, Gabriel : *Edmond Jabès, la demeure et le livre*, Fata Morgana, 1985.

Cahen, Didier : *Edmond Jabès*, Belfond, 1991. (Cet ouvrage contient la bibliographie des articles parus en journaux ou en revues à l'occasion de la publication de chaque œuvre de Jabès).

Derrida, Jacques : « Edmond Jabès et la question du livre », dans *L'Écriture et la différence*, Seuil, 1967, Point-Seuil, p. 99-116 (article paru dans *Critique*, 201, janvier 1964), et « Ellipse », *ibid.*, p. 429-436.

Duncan, Robert : *Edmond Jabès ou le délire du sens*, fourbis, 1993.

Fernandez-Zoïla, Adolfo : *Le Livre, recherche autre d'Edmond Jabès*, Jean-Michel Place, 1978.

Guglielmi, Joseph : *La Ressemblance impossible : Edmond Jabès*, Les éditeurs français réunis, 1978.

Lançon, Daniel : *Jabès l'Égyptien*, éditions Jean-Michel Place, 1998.

Lévinas, Emmanuel : « Edmond Jabès aujourd'hui », dans *Noms propres*, Fata Morgana, 1976, le livre de poche, biblio-essais, p. 73-75 (article paru dans *les Nouveaux Cahiers*, n° 31, 1972-1973).

Motte, Warren F., Jr. : *Questioning Edmond Jabès*, University of Nebraska Press, 1990.

Shillony, Héléna : *Edmond Jabès, une rhétorique de la subversion*, Archives des Lettres Modernes n° 251, Minard, 1991.

Stoddard, Roger Eliot : *Edmond Jabès in bibliography*, *Les carnets bibliographiques des lettres modernes*, Minard, 1998.

Collectif : *Edmond Jabès aujourd'hui*, *Les Nouveaux Cahiers*, n° 31, 1972-1973.

Collectif : *Les Cahiers Obsidiane*, n° 5 spécial, *Edmond Jabès*, février 1982.

Collectif : *The Sin of the book : Edmond Jabès*, University of Nebraska Press, 1985.

Collectif : *Le Livre lu en Israël*, actes du colloque de l'Université de Tel-Aviv, éd. Point Hors Ligne, 1987.

Collectif : *Écrire le livre : Autour d'Edmond Jabès*, actes du Colloque de Cerisy, éd. Champ Vallon, 1989.


Parmi les articles parus en journaux ou en revues à l'occasion de la publication des œuvres de Jabès, on pourra se reporter notamment à ceux de Claude Mauriac (*Le Figaro*, 29 novembre 1965, 3 janvier 1966, 1er janvier 1968, 15 juin 1970, 28 janvier 1972, 13 décembre 1973, 19 juin 1976) et Jean-Michel Maulpoix (*La Quinzaine littéraire*, 1er avril 1981, 16 février 1982, 1-15 mai 1984, 16 mars 1985, avril 1985, 1er juin 1990).

Achevé d'imprimer
en juin 2000
à Bordeaux
par l'imprimerie Pleine Page